우라야스 도서관 이야기

신임 도서관장의 도서관 만들기 경험담

다케우치 노리요시 지음

도서관운동연구회 옮김

図書館の街 浦安

新任館長奮戰記

竹内紀吉 著

未來社

역자 서문

이 책은 일본 우라야스(浦安)라는 작은 자치단체에서 시립도서관 서비스를 준비하는 과정을 맡은 초대 관장의 경험담을 엮은 에세이 형식의 글이다. 우라야스가 일본의 도쿄에서 1시간 거리에 있는 이른바 신도시로 성장하면서, 사회교육을 담당하는 공립도서관 서비스를 계획·실행해가는 과정을 순차적이고 생동감 있게 그려내고 있다.

이 책을 번역하게 된 계기는 지방자치제 실시 이후 우리나라도 각 자치단체마다 교육문화시설을 새롭게 신설하는 사례가 많고, 수도권 지역에 형성된 신도시를 중심으로 어린이 양서보급운동 등 교육문화시설에 대한 요구가 높아지고 있다는 점에서 우라야스의 사례가 도움이 될 수 있으리라는 생각에서였다.

우선 우라야스 시립도서관 건립 준비과정에서 눈에 띄는 점은 도서관 건립 준비과정에 도서관 전문인을 참여시켰다는 점이다. 일본의 경우도 이 책에 서술하고 있는 것처럼, 준비과정부터 관장이 도서관 서비스 계획을 수립하고 실행하는 경우는 드문 예라고 한다. 하지만 도서관 서비스가 제대로 되기 위해서는 어떤 서비스를 제공할 것인가, 이 지역에 필요한 서비스의 내용이 무엇인가에 대한 정확한 파악을 바탕으로 하는 계획 수립이 중요하다.

우리나라의 경우는 일천한 지방자치의 경험 탓으로 각 자치단체가 도서관을 건립하는 경우에도 많은 문제점을 보여주고 있다. 그 대표적인 것이 도서관의 용도변경이다. 초기에는 도서관 건립을 목적으로 했음에도 불구하고(초기 건설에 공공도서관 건립지원금을 받은 지방자치단체가 여럿 있다) 사서직 관장제를 피해가기 위한 하나의 방법으로 '문화정보센터' 또는 '평생학습관'으로 개관하는 사례가 비일비재하다. 그 이유는 무엇일까? 우선 단체장의 임기 내에 업적을 세우기 위해 건물건립을 서두르는 경우가 많고, 공공시설을 진정한 주민들의 공간으로 생각하기보다는 '관'의 것으로 여기는 좋지 않은 행태가 아직도 지속되고 있기 때문이다. 국가 단위의 공사들이 인사철이 되면 낙하산 인사 운운하며 꼭 한번씩 신문지상에 오르내리는 것처럼, 지방 단위에서도 관례화된 낙하산 인사, 내 사람 심기가 비일비재하게 일어나고 있다. 특히 '공립 공공도서관'의 경우, '도서관및독서진흥법'상의 사서직 관장제를 비웃기라도 하는 듯 이런 일은 아직도 많이 벌어지고 있다. 지방 문화원이나 시설관리공단 등이 위탁운영을 하는 경우도 아주 소수의 예를 제외하고는 도서관에 대해 알지 못하는 사람이 도서관장을 역임하고 있다. 이 경우 퇴역 공무원이 자리를 옮겨오는 경우도 많다. 이런 실정에 비추어보았을 때, 우라야스의 사례는 시사하는 바가 크다고 할 수 있다.

두번째로 우라야스에서 도서관 서비스를 미리 준비할 수 있었던 것에는 지역운동가들의 노력과 지방행정가들의 이해가 바탕이 되었다는 점도 특기할 만하다. 문고운동의 역사를 바탕으로 도서관 서비스에 대한 주민들의 실제적인 요구를 담아낼 수 있는 '이런 도서관을 바라는 모임'이 있었다. 실제로 이 모임은 도서관의 이상향, 서비스 내용 등에 대해 수준 높은 요구사항을 제시하면서 민관협동의 자세로 활동하여 도서관 서비스 향상에 도움을 주었다. 그리고 이런 주민의 요구에 유연하게 대처하고 도서관전문직 관장 영입 등의 요구사항을 받아들인 시 행정측의 자세도 높이살 만하다.

세번째는 지역단위 도서관 서비스망 계획수립의 내용이다. 도서관은 단순히 건물을 세움으로 끝나는 것이 아니다. 문제는 내용, 즉 질에 있다. 주민들의 독서량, 독서 취향, 주민들의 사회경제적 지표, 지역 내 동선 파악 등 개관 이전에 준비해야 할 것들이 많다. 도서관 서비스의 유효 반경을 이야기할 때 걸어서 10분이라는 표현을 많이 쓴다. 그만큼 가까이 있지 않으면 이용되지 않는다는 것이다. 실제 우리 도서관운동연구회에서 2000년 실시한 서울시 공공도서관의 지리적 접근도와 이용행태 조사에 따르면 어린이의 경우는 걸어서 10분, 성인의 경우는 대중교통을 이용해 30분 이내가 가장 많은 것으로 나타났다. 성인의 경우도 자료이용을 목적으로 하는 경우는 30분 이내가, 공부방으로 이용하는 경우는 그 이상의 시간을 소요해 매일 이용하는 것으로 나타났다. 이는 독서시설은 규모의 대형화보다 생활 동선상에 위치해 많은 주민들이 수시로 드나들 수 있어야 한다는 점을 나타내는 것이다. 이런 맥락에서 우라야스의 경우, 시립도서관 개관 준비과정에서 독서시설간의 네트워킹을 수립하고 서비스 계획을 세웠다는 것이 서비스 성공의 열쇠가 아니었나 생각된다. 공민관 도서실을 시립도서관 서비스 네트워크에 포함시킬 수 있었다는 것, 이를 통해 주민이 어느 곳에서 자료를 이용하더라도 자료의 공유가 가능하게 되었다는 점 등은 앞으로 지역단위 도서관 서비스 계획을 수립할 때 고려해 볼 수 있는 점이라 생각된다.

마지막으로 우라야스 도서관 개관 준비에 가장 많은 영향력을 준 것은 히노 도서관의 사례, 그리고 ≪중소리포트≫와 ≪시민의 도서관≫이라고 알려져 있다. 즉 ≪중소리포트≫와 ≪시민의 도서관≫이 일본 공립도서관이 나아가야 할 방향을 제시했고, 이를 히노 시립도서관(중앙도서관 건물 없이 이동도서관으로 서비스를 시작)이 실제로 보여주었던 역사가 있었기 때문에 도서관 서비스를 준비하는 데 많은 도움이 되었다고 한다. '공공도서관'이 나아가야 할 방향, 그리고 "이것이 도서관 서비스다!"라고 할 만한 모범을 만드는 것이 우리에게는 필요하다.

학생, 취업준비생, 고시생들의 공부방으로만 생각되는 우리나라의 공공도서관도 이제는 새롭게 변해야 할 때가 되었다. 우리에게 필요한 도서관 서비스의 지표를 고민하는 데 이 우라야스 사례가 작은 도움이 되기를 기대한다.

이 책은 일본 공립도서관의 발전을 체계적으로 알려주는 책은 아니다. 이 책은 분명 한 지역의 사례, 그것도 도서관 개관을 준비했던 도서관장의 개인적인 경험담이다. 행정체계, 지방자치의 역사, 도서관의 발전 양상 등 많은 점에서 일본과 우리나라는 다르다. 이 분야에 대한 체계적인 연구는 앞으로 많이 이루어지리라 생각한다. 무차별적인 외국문화의 이식이 아니라, 그저 옆 동네를 시찰하듯 우라야스 사례를 살펴본다면 좋지 않을까 하는 생각에서 이 책을 소개하게 되었다. 도서관운동에 관심 있는 많은 분들에게 도움이 되기를 바란다.

도서관운동연구회 대표

이혜연

차례

구사노 마사나 선생과
우라야스 시립도서관 분들에게

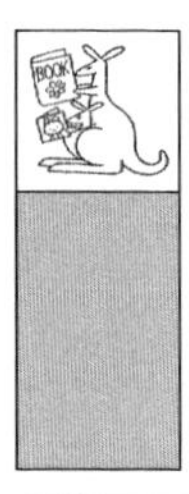

프롤로그

도서관장이 된 이야기

1980년 10월 9일자 ≪아사히 신문≫ 지방판 기사였다.

> 시(市)로 승격되려면 도서관의 충실을
> 우라야스 정(町)에서 주민운동
> 추진 중인 건설계획을 듣게 된 신(新)주민들, 정(町)사무소에 주문

이러한 내용의 신문지면 오른쪽 머리기사가 내 눈에 쏙 들어왔다. 며칠 전부터 나는 그 기사를 떠올리며 현립도서관 신문·잡지실에서 12월, 11월, 10월로 날짜를 소급해가면서 이 기사를 찾고 있었다.

> 내년 봄부터 시로 승격될 히가시카쓰시카 군 우라야스 정에서 내년 착공 예정인 새로운 도서관 건설계획에 이용자의 목소리를 반영하자는

> 주민운동이 일고 있다. '이런 도서관을 바라는 모임(대표 미타니 기미)'의 사람들은 지금까지 공부를 계속 해왔으며 다른 공립도서관도 견학했다. 이들은 정사무소에 '주민 중심의 도서관'을 만들어달라고 호소하고 있다. '아오베카의 마을'로 알려진 이곳은 관청의 업무에 '시정'을 요구하는 주민운동이 거의 없었던 터라, 정사무소측은 약간 당황하는 기색이다.

기사는 이어서 정립도서관의 빈약함을 언급하며 도쿄에서 이사와 살고 있는 신(新)주민들이 매우 실망했음을 전했다. 아울러 운동하는 사람들이 앞으로 "어린아이에서 노인까지 자유롭고 쉽게 이용할 수 있는 도서관 시스템 확립"을 행정 측에 요구하고 있음도 전했다. 7단에 이르는 긴 기사였다.

나는 10년 이상이나 현립도서관 사서로 일해왔다. 더구나 그 시절의 대부분을 시립이나 정립도서관 육성과 지원을 업무로 하는 관외봉사과에 몸을 담고 있었기 때문에 나는 지바 현의 각 자치단체 도서관이 어떠한지 대충은 알고 있었다.

1969년에 지하철 도자이 선이 깔려 니혼바시까지 20분이 채 안 걸리는 우라야스. 그때부터 해마다 1만 명씩 인구가 증가하여 급속하게 도시화의 물결이 밀어닥친 지역이었다. 그렇지만 우라야스 도서관을 주변 자치단체 도서관과 비교해보면 누가 보더라도 현저히 뒤떨어졌다. 직원만 2명이 있을 뿐, 전임 도서관장조차 배치되어 있지 않았던 것이다.

도쿄에서 거주했던, 일상생활에서 도서관을 이용하는 것이 습관이 되어 있던 주민들이 우라야스의 도서관에 가서 깜짝 놀랐을 것을 상상하기란 어렵지 않았다. 그런 지역에 새로운 도서관 건설 계획이 추진되고 있는 것이다. 전임 도서관장도 경험이 풍부한 전문직 직원도 없이, 계획만이 있었다. 앞서 살던 지역의 도서관에 익숙해진 주민들 사이에서 '이런 도서관을 바란다'는 의사가 표출된 것은 오히려 당연한 일일 것이다.

'시로 승격되려면 도서관의 충실을?' 정말로 그렇게 해야 한다고 나는 생각했다.

이것이 우라야스와 나의 첫 만남이었다. 나는 신문뭉치를 서가에 갖다놓고, 이번에는 향토자료실로 가는 계단을 올랐다. 우라야스 통계서와 마을 만들기의 기본계획 등, 그 외의 자료를 서둘러 살펴볼 필요가 있었기 때문이다.

현립중앙도서관의 사카이자와 관장으로부터 도서관 계획이 진행되고 있는 우라야스 시에서 전문자격을 갖춘 도서관장을 구하고 있으니 4월부터 우라야스에 가보지 않겠느냐는 말을 들은 것은 전날 저녁 때였다. 1981년 2월 초의 일이었다.

시·정·촌에서 도서관을 건립할 때 국가와 현에서 건설 보조금을 받을 수 있다(우라야스의 경우 약 10억 엔의 건설비 중 1억2천만 엔의 보조금을 받았다). 그러나 그 보조금을 받는 데 한 가지 조건은 도서관장이 사서자격을 갖추어야 한다는 것이다. 해당지역에서는 자격을 갖춘 직원이 없는 경우가 많았고, 있다 해도 현장경험을 쌓고 관리직에 적합한 연령의 사람은 쉽게 찾을 수 없었다. 그래서 직원층이 두꺼운 현립도서관에 의뢰가 오게 되고, 근무연한을 결정한 다음에 중견직원을 파견하곤 했다. 지바 현의 경우 이렇게 해서 새 도서관이 생겨난 예가 비교적 많았다.

시·정·촌의 입장에서는 파견직원에게 급료를 지불해야 하는 부담이 있지만, 보조금을 고려하면 급료는 그다지 부담스럽지 않은 것이었다. 어디까지나 제한된 기간 동안 지급하기 때문에 2~3년 동안 파견을 몇 개의 부서에서 반복한다면 한 사람이나 두 사람 분의 퇴직금도 남게 된다.

우라야스가 지금 관장을 담당할 인재를 현립도서관에서 구하는 것은 그러한 재정사정 때문이 아니라, 진행되는 도서관 계획을 궤도에 올리기 위해 그 분야 전문가의 필요성을 통감했기 때문인 듯했다.

시립도서관 건설은 가장 큰 사업인 문화회관 다음으로 중요한 사업이며 시당국으로서는 반드시 성공해야 했다. 동시에 건설이 진행되고 있는 지구 공민관에는 도서관 분관이 될 도서실도 충분한 면적을 갖추고 건설될 예정이었다. 지구 공민관은 각 중학교구에 1개관씩 건설되므로 분관은 총 4개관이 된다. 우라야스 시에서는 결국 3천㎡가 넘는, 현 내에서는 최대의 시립도서관과 4개의 도서관 분관 건설계획을 동시에 진행시킬 도서관장감을 구하고 있는 것이었다. 많은 업무를 맡아야 하기 때문에 시당국에서는 오히려 젊은 사람을 희망하고 있다고 사카이자와 관장은 말했다.

설명을 들으면서도 이 상황을 아는 사람으로서 나는 좀처럼 믿기 어려운 이야기로 들렸다. 주민의 요구에 밀려 여러 해 전에 작은 이동도서관 차를 구비했으나 일손이 없어서 운행에 지장이 있었던 곳이 아니었던가. 사실 일손이 부족한 정립도서관에서 이동도서관 운행을 겸할 관장을 구하고 있다는 소문도 듣고 있던 참에, 본관과 4개의 분관을 거의 동시에 만들어간다는 것은 터무니없는 이야기처럼 생각되었다. 본관과 여러 개의 분관을 동시에 건설한다는 이야기는 여태까지 들어본 적이 없었기 때문이다.

"어쨌든, 하룻밤 생각할 시간을 주세요."

기뻐해야 할 이야기이지만 바로 대답하기는 힘들었다. 다시 생각해보니 지금껏 내가 잘 알고 있다고 여겼던 우라야스라는 자치단체에 대해 구체적으로는 아는 것이 없었다. 나는 우라야스가 그러한 도서관 계획을 원활하게 실현할 수 있는 자치단체인지를 파악하는 것이 우선이라고 생각했다.

"잘 생각해보세요."

다소 흥분하여 방을 나가려고 하는 나에게 관장은 격려하듯 말했다.

조사해보니 우라야스는 대단한 곳이었다.

디즈니랜드가 개장하고 얼마 지나지 않아 시내에 국철 게이요 선이 지나가는 역이 두 개나 생겨났다. 시 면적은 약 17㎢이지만 현재 사람이 거주하고 있는 곳은 구 시가를 포함한 제1기 매립지 12㎢로, 여기에 6만5천 명이 거주하고 있었다. 1969년부터 인구가 급속히 증가하였고 현의 외부 전입자 중 40%가 도쿄에서 왔으며, 그 외에는 가나가와, 사이타마, 오사카, 아이치 등에서 이주해왔다. 게다가 최근 국세(國勢)조사 결과를 보면 25세에서 45세의 성인이 시 인구의 40%를 차지하고 있었고, 그들이 부양하고 있는 중학생까지의 인구를 감안하면 전 인구의 71%에 달했다. 상당히 젊은 고장인 셈이다. 당연한 결과로 소학교 입학률도 높아지고 있었다. 지바 현 내에서 소학교 입학률이 해마다 상승하고 있는 것은 우라야스뿐이라는 것도 알게 되었다.

옛날과 현재의 지도를 비교해보면, 정확히 사과를 4등분한 것 중 하나가 구 시가지이고 나머지 세 지역은 어부들이 어업권을 전면 포기한 바다를 매립하여 생겨난 지역이었다. 그 지역의 대부분이 택지로 다시 태어났다.

지가 상승률이 전국 1위임에도 불구하고 이 마을에는 임대주택이 아주 적었고 주민 대부분이 단독주택이나 아파트를 소유하고 살고 있었다. 세수(稅收)의 대부분이 고정자산세인 것도 그러한 사정에서 나온 결과였다. 장래 추정인구의 최대치는 약 20만 명. 자치단체의 캐치프레이즈는 '녹음이 우거진 해변도시'. 요컨대 전형적인 도시형 중류층 생활자의 유입으로 인해 빠른 속도로 주택도시로 변모하고 있는 곳이었다.

통계자료나 고장의 각종 자료에서는 야마모토 슈고로의 『아오베카 이야기』로 유명해진 어촌 우라야스의 모습은 떠올릴 수 없었다. 재력과 활력이 넘치는, 그러나 수많은 모순을 드러내는 '고도성장'이 15년 정도 늦게 이 마을에 일어나고 있는 것이었다.

마을이 젊다는 것, 고학력자가 많은 도시형 주민이라는 것, 그들이 아이를 키우고 있다는 것, 그리고 마을에 교육·문화시설이 전혀 없다는 것, 모든 것이 도서관 육성에 알맞은 조건을 지니고 있었다.

나는 더 이상 계획을 의심하지 않았다. '어쩌면……'이라는 기분이 들기 시작했다. 이 계획을 실현시키면 우라야스는 전국에서 손꼽히는 모범적 도서관 행정을 운영해가는 자치단체가 될 것이 틀림없다고 생각했다.

향토자료실 전화벨이 울렸다.

전화는 관장이 나를 부른다는 내용이었다. 관장실에 들어가자 질타의 말이 쏟아졌다.

"대체 무슨 생각을 하고 있는 겁니까? 이런 결정은 아침 일찍 전해야 하는 거 아닙니까? 정오가 지났는데도 내게 오지 않았다는 것은 갈 마음이 없다는 뜻입니까?"

그때 '끝났다'라는 기분이 들었다. 하룻밤 생각해봤으므로 다음날 아침 가장 먼저 관장실을 찾아가는 것이 예의이며 상식이었을 것이다. 우라야스에 관해 가능한 빨리 조사한 후, 3시까지라고 혼자 판단하고 있었던 것이 잘못이었던 것이다.

관장이 오전까지 기다리다가 결국 지쳐 더 이상 견딜 수 없는 기분이 되었음을 깨달았다. 주민운동이나 우라야스의 기본계획을 조사한 이후에 말씀드리려 했다고 애매하게 말하려 했지만, 나의 말은 금방 바뀌어 나왔다.

"우라야스에 가고 싶습니다. 잘 부탁드립니다."

잘못을 인정하기에 앞서 이런 말이 입에서 나와버렸다.

우라야스행을 결정한 후 나는 우라야스에 관한 아무리 작은 기사라도 놓치지 않으려고 애쓰며 하루하루를 지내고 있었다. 자연히 그렇게 되었다. 히노를 시작으로 한 다마지구 시립도서관을 새롭게 견학해보고 싶다는 생각도 여러 번 했다. 한 주에 한 번씩 가는 마쓰도, 가시와, 이치카와, 나가레야마 등의 시립도서관을 두루 살피면서도 우라야스에 간다는 입장을 전제로 하여 모든 것을 바라보고 있는 자신을 깨닫곤 했다. 한 달은 그렇게 지나갔다.

3월 초순, 눈이 내리는 날이었다.

시립도서관 순회를 하고 돌아와서 차 지붕에 쌓인 눈을 호스로 물을 뿌려 털어내고 있을 때 부관장인 후지카와 씨가 나를 불러 관장이 찾으니 관장실에 가보라고 했다. 평소 친근한 후지카와 씨의 표정에 독특한 느낌이 담겨 있었다. 그것은 자신보다 주위 사람이 곤란을 겪을 때의 짓는 표정이었다. 나에게 좋지 않은 소식이 기다리고 있다는 것을 순간 짐작할 수 있었다. 우라야스에 관한 일이라고 생각했다.

그 대화가 있은 지 한 달. 이력서는 벌써 보냈는데 우라야스의 일은 더 이상 진전되지 않았다. 어느덧 3월에 접어들고 있었던 것이다.

관장실에서의 대화는 생각한 대로였다.

검토한 결과, 그쪽에서는 좀더 나이가 있는 사람을 원한다고 했다. 업무가 많으니 젊은 사람을 바란다고 했던 상대방의 요구사항이 왜 변했는지 납득할 수 없었다. 나는 야간고등학교 출신이라는 나의 이력을 떠올렸다. 게다가 야간으로 입학한 대학까지는 상당한 공백도 있었다. 주간으로 바꾸어 졸업한 후, 국립도서관 단대 별과(短大別科)에 들어가기는 하였으나 현립도서관에 취직한 것은 나이 서른이 되기 직전이었다. 어디에서 무엇을 하고 있었을까라는 의문이 생길 만한 이력이었다. 거기에 도서관 근무를 하면서 다시 야간대학에 입학한 후 일본문학 교사자격을 취득했다. 그렇다 해도 나는 납득이 가지 않았다. 아니, '1개월 동안 마음을 정하고 우라야스로 향하기 시작한 나의 움직임을 갑자기 멈추라니……?'

나의 마음속에서 돌연 격한 감정이 치밀어올랐다. "납득할 수 없습니다"라고 나는 말했다.

"젊은 사람이 좋다고 할 때는 언제고 이번엔 또 나이가 있는 사람을 원한다구요? 이유가 뭡니까? 저는 우라야스에 가기로 결정하고 한 달을 지내왔습니다. 시장을 만나겠습니다. 거기서 안된다면 단념하겠지만 이런 식으로 거절당하는 것은 곤란합니다."

지금 생각해보면 얼굴이 붉어지지만 그것이 나의 솔직한 심정이었다. 사카이자와 관장은 꼼짝 않고 말을 듣고 있었으나 이해하고는 한번 더 우라야스측과 만나 이야기해보겠다고 말했다.

관장이 시장과 연락이 되어 우라야스로 가는 검정색 관용차가 눈 녹은 길 위로 출발하는 것을 나는 유리창 너머로 바라보고 있었다. 관장을 그토록 귀찮게 한 일이 떳떳하지 못하다는 생각이 들어, 하지 말아야 할 말을 해버렸다는 후회도 있었다. 몹시 피곤한 기분이었다. 눈이 녹아 질퍽해진 땅을 피하며 사람들이 걸어가고 있었다. 불안한 그 걸음을 빤히 바라보면서 직장인이라는 것은 시시하다고 생각했다.

관장은 시장과 면접일을 정하고, 날이 저문 후에 돌아왔다. 그로부터 이틀 후 감색 양복을 입고, 머리 손질도 한 나는 우라야스 청사 3층에 있는 시장실의 문을 열었다. 어깨가 넓은 장년 신사가 나를 맞이했다. 그 사람이 바로 우라야스 시장이었다. 나의 이력서를 보고는 자기와 같은 고등학교 출신이라고 말하며 미소 띤 얼굴을 보이자 그제야 나는 긴장을 풀 수 있었다. 그는 내 앞에 기본설계까지 진행된 도서관 도면을 펴보였다. 개가식 서가를 넓직하게 잡은 도면이었다. "좋군요"라고 말하며 나는 몸을 앞으로 내밀었다.

"우라야스 시의 인상은 어떤가요?"

"젊습니다. 그래서 희망적이라고 느꼈습니다."

"그렇습니다. 이제부터 거침없이 성장할 곳이지요."

"도서관을 운영하기 쉬운 곳이라고 생각합니다."

나는 말이 술술 나왔다.

"어떻게, 해보시겠습니까?"

"예, 꼭 해보고 싶습니다."

방을 나올 때 시장은 재빠르게 오른손을 내밀었다. 나는 서툴게 그 손을 잡으면서 매우 큰 손이라고 생각했다. 갑자기 '자, 해보자!' 이런 사람 밑에서 일을 할 수 있겠다는 느낌이 들었다.

그것이 두번째 우라야스와의 만남이었다.

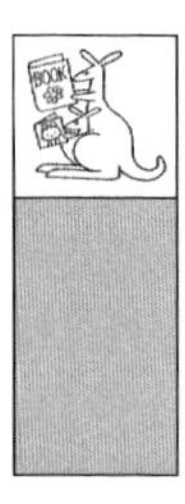

1
어촌에서 도시로

'어제'의 우라야스를 만나다

도쿄 도(都)와 지바 현(縣)의 경계를 이루는 에도가와 하구에 있는 작은 어촌 우라야스.

1969년에 지하철이 생기기 전에는 삼 면이 바다와 강으로 둘러싸인 지역이어서 사람들은 연안에서 얻을 수 있는 해태와 모시조개, 작은 물고기 등으로 생계를 유지했다.

우라야스는 8백 년이나 되는 역사가 있고 도쿄와의 거리도 지바 현에서는 가장 가까움에도 불구하고, 사람이 오가는 길가에 그물을 늘어놓고 말리며, 조개와 소금 냄새가 풍기는 초라한 어촌이었다. 교통편이 나빴기 때문이다.

어촌 우라야스가 사람들에게 알려지게 된 것은 뭐니뭐니 해도 야마모토 슈고로의 소설 『아오베카 이야기』에 소재로 등장하면서부터이다. 젊은 날 작가는 우연히 이 마을을 지나게 되고 이 마을의 풍경, 집과 사람들의 분위기에 강하게 이끌려 결국은 이 땅에 살기로 결정해버린다. 그의 머릿속에는 알퐁스 도데의 『풍차 방앗간에서 온 편지』가 있어, 이곳을 무대로 하면 그런 이야기를 자신도 쓸 수 있지 않을까 생각했다.

『아오베카 이야기』의 서두에 우라야스는 우라카스라고 이름을 바꾸어 다음과 같이 소개되어 있다.

> 우라카스 정은 네도가와 가장 하류에 있는 어촌으로 조개와 해태와 낚시터로 알려져 있다. (…) 마을은 고립되어 있다. 북은 논밭, 동은 바다, 서는 네도가와, 그리고 남은 '먼 바다 백만 평'이라고 불리는 광대한 황무지가 펼쳐지고 그 앞은 또 바다였다.

1981년 4월부터 나는 우라야스 시립도서관 초대 전임관장이라는 신분으로 일하게 되었다. 우라야스가 정에서 시로 탈바꿈한 그 달부터 나도 출근한 셈이었다.

시 승격을 축하하여 곧 있을 기념행사 때문에 거리 전체가 어딘지 들떠 있었다. 시의 중심이 될 디즈니랜드 공사도 시작되었다. 개원은 1년 후로 잡혀 있었다. 거리 곳곳에서 공사가 한창이었다. 역에서 조금 걸었을 뿐인데도 철제 골조만 완성되어 있는 건축현장이 몇 개나 눈에 들어왔다. 차 소음에다가 철판이 어딘가에 긁히는 소리, 드릴 소리, 크레인이 무엇인가를 들어올리는 소리……. 넓은 4차선 도로가 뻗어 있는 저쪽에는 고층 아파트가 하늘을 보며 빽빽이 들어서 있다. 버스가 토해내는 사람의 물결.

우라야스는 격변하고 있었다. 어촌에서 도시로 현저한 속도로 변하고 있는 모습은 여기저기에서 확인할 수 있었다.

우라야스에서 에도가와를 10㎞ 정도 거슬러간 건너편 강가,

즉 도쿄 도 에도가와 구(區)에 고이와라는 마을이 있다. 나는 그 마을에서 자랐다. 지바 현립도서관에 취직할 때까지 약 30년간을 나는 고이와에서 지냈기 때문에 '우라야스'라는 지명은 옛날부터 귀에 익은 단어였다. 어렸을 때는 자전거 페달을 밟아 우라야스 바다까지 문절망둑과 가자미를 낚으러 간 일도 있었다. 처마 밑에 놓인 어구와 망, 조개껍질들을 깔아놓은 좁은 골목, 그리고 막과자 가게. 기억 속에 남아 있는 우라야스와, 지금 눈앞에 펼쳐진 거리를 어디에서 어떻게 연결하면 좋을지 나는 거의 당혹감을 느끼고 있었다. 발이 닿는 대로 걸으면서 변화한 도시가 아닌 옛날의 어촌 우라야스를 찾고 있다는 것을 깨달았다.

인사명령서 교부를 끝내고 시 청사를 나오자 건너편 넓은 빈터에서는 지질조사를 하고 있었다. 그 넓은 토지에 도서관이 세워질 예정이지만, 잿빛 땅을 비바람에 그대로 두어 땅 위에는 잡초가 자라고 있었다. 이번에는 뒷길을 통해 도서관으로 향했다.

도서관은 역에서 그리 멀지 않았다. 구 시가지 중심에 있던 지방은행 지점을 은행 이전 때 시가 사들인 것이다. 30평 정도의 1층에 오래된 철제 서가가 늘어서 있었다. 문을 밀고 들어가니 내부와 도서관 이용자가 은행 카운터의 흔적으로 보이는 긴 칸막이로 가로막혀 있었다. 서가로 가기 위해서는 좌우 칸막이를 돌아 들어가야만 했다. 천장이 지나치게 높기 때문에 거기서 늘어뜨린 형광등 빛으로는 서가를 비추기에 부족하였다. 방은 어두운데다 몹시 추웠다. 칸막이 안쪽은 콘크리트 바닥을 더 높이 올린 형식으로, 한 층 정도 높게 마루가 깔려 있었지만 바닥에는 뒤틀림이 생겼고 걸으면 삐걱삐걱 소리가 났다.

시 청사에서 발령에 따른 사무적인 일을 보느라고 점심시간이 다 되어 도서관에 도착했지만 어두운 도서관 안에 이용자는 없었다.

그곳에 있던 20대 중반 정도의 남자직원은 발령인사 때 이미 소개를 받았다. 가슴에 '이다'라는 명찰을 붙이고 있었다. 또 한 사람은 서른이 약간 넘은 여자였다. 그녀는 왼쪽 발을 질질 끌듯이 걸었다. 무릎이 불편한 모양이었다. 앞머리를 눈까지 늘어뜨리고 있는 것이 이상하게 불안정한 인상을 주었다. 두 사람이 어두워 보인 것이 맨 처음 받은 인상이었다. 처음 상사와 대면하는 것이어서 그들도 긴장하고 있었겠지만, 그 어두움은 도서관 안으로 한 걸음 발을 들여놓았을 때 내가 받았던 인상의 연장이었다. 내가 인사를 하자, 여직원은 "나카자와입니다"라고 대꾸한 후, 뒷걸음질쳐 내게서 곧 멀어져갔다.

2층은 두 칸으로 이어진 다다미방이었다. 거무스름해지고 터진 다다미 위에 사무책상이 들어와 있었다. 백열전구가 매달린 천장에는 비 얼룩이 눈에 띄고 여기저기 천장판이 썩고 말려올라가 있었다. 마치 폐가에 들어간 인상이었다. 그 방에 서 있으니까 관내에 들어서면서부터 조금씩 시들기 시작했던 의욕이 갑자기 꺾이는 것을 느꼈다. '현립도서관에서 돌이킬 수 없는 엉뚱한 실수를 범하여, 내가 여기로 쫓겨온 것은 아닐까' 하는 생각이 스쳐갔다.

2층은 사실상 신설도서관 준비실인 셈이었다. 건설공사는 2개년의 계속사업으로 10월에 시작하여 내년 10월 말에 완공되기 때문에 2년 가까이 이 방에서 지낼 것이다. 나는 다시 주변을 둘러보았다.

L자 형으로 창이 나 있는데, 밖은 바로 이웃집 처마와 맞닿아 있었다. 오래된 민가가 빽빽하게 들어서 있었기 때문에 불투명 유리 건너편에 이웃집 세탁물이 걸려 있었다. 그것을 보고 있는 동안에 나는 '지금 예전의 우라야스에 서 있는 것' 같다는 생각이 떠올랐다. 그러자 기분이 차츰 즐거워지기 시작했다. 더러워진 다다미와 찢어진 천장을 보면서 잘된 일이 아닐까 생각했다. 어차피

즐길 작정으로 우라야스에 온 것은 아니다. 어제, 오늘, 내일도 여기에서 시작하기 때문에 우라야스의 모든 것을 경험할 수 있다면 그 편이 좋다.

나는 비어 있는 책상으로 가서 팔꿈치를 세우고 손바닥으로 턱을 괴었다. 저 두 직원을 어떻게 움직이게 하면 좋을 것인가. 원대한 계획을 시작하는 것인데도 지금 내 주변에 저 두 사람, 정체를 알 수 없는 버팀목밖에 없는 것이 아무래도 불안했다.

어느 날 근무가 끝나고 귀갓길에 나는 나카자와 씨에게 커피를 마시자고 청했다. 그녀와 잠시 시간을 가지고 이야기를 해보고 싶었기 때문이다. 고졸 학력의 그녀가 야간 단기대에 들어가 사서 자격을 취득하도록 할 수 없을까 하는 생각을 하고 있었다. 앞으로 4년제 대학을 나온 사서가 속속 들어올 것이다. 자격을 갖춘 여자직원도 늘어날 것이다. 그때에 선배 입장이 되는 그녀가 후배 직원보다 뒤처져서 비참함을 맛보지 않게 해야만 한다. 만약 그렇게 되면 대개 열등감에 휩싸여 직장생활을 정리하게 된다. 그런 예를 지금까지 나는 줄곧 보아왔다. 그렇게 되면 주위에나 자신에게 불행하게 될 뿐인데 대개는 옹고집을 부리는 생활방식을 바꾸려고 하지 않는다. 그녀가 그런 존재가 되게 하고 싶진 않았다. 지금이라면 야간 대학에 다니기에 늦은 것은 아니었다. 도서관에서 며칠이 지나는 동안 나카자와 씨의 성격을 알게 되었다. 성격이 강하기는 하지만 상냥하고 순진한 여성이었다.

어촌의 흔적 때문일까? 우라야스에는 고양이가 많았다. 가까운 공민관 마루 밑은 들고양이 소굴이었다. 나카자와 씨는 그 고양이를 위해 빵 가장자리를 작게 주사위 모양으로 잘라 통조림 고기를 바른 먹이를 하루 걸러 마루 밑에 두곤 하였다. 발포 스티렌 접시에 손수 만든 먹이를 가득 담아 들고 왼쪽 발을 약간 끌듯이 걸어가는 나카자와 씨의 뒷모습을 보고 있으면 그녀가 실제로는 붙임성 있는 밝은 성격의 사람이라는 것을 알 수 있었다. 나는 그녀의 순수함을 보고 놀란 적이 있었다. 지금도 그날을 잊지 못한다.

"나카자와 씨."

나는 농담처럼 말해보았다.

"영리해 보이는 예쁜 이마를 숨기고 있으면 안되죠. 머리를 올려보세요."

다음날 아니 그 다음날이었던가, 나카자와 씨는 머리 모양을 바꾸고 왔다. 넓고 아름다운 이마가 인상적이고 표정도 좀더 밝아졌다. 나는 말하기를 잘했다고 생각했다.

야간학교에 다니라고 권한 데에는 한 가지 이유가 있었다. 그것은 나 자신에 관한 것이었다. 야간고등학교에서 2년제 속기훈련학교를 거쳐 자연과학계의 학술단체 사무국에 근무한 일이 있었는데, 그 학회에 취직할 때 경험한 것이 지금까지도 내 마음속에서 없어지지 않는다. 학회에 근무하고 싶다고 생각한 것은 조건이 국가공무원에 준하고, 그러면 야간대학에 다닐 수 있었기 때문이다. 우연히 도쿄 대 이학부의 후지와라 시즈오 교수를 알게 되어 그 분의 강한 추천으로 취직이 내정되었다. 그런데 사무국장은 면접에서 내 이력서를 뒤집어놓으며, 불쾌감을 노골적으로 드러내면서 "학교를 나오지 않은 사람을 뽑고 싶지 않은데요"라는 말을 들었다. 뽑고 싶지 않다지만 학회 이사인 후지와라 선생의 추천은 거절할 뜻도 없었던 것 같았다.

"학교를 나오지 않았다는 것은 대학을 말하는 것입니까?"

그렇게 반문한 것이 내가 할 수 있는 유일한 저항이었다. 갈 수 있는데 가지 않았던 것은 아니다. 대학에 가고 싶어도 허락되지 않는 사정이 내게는 있었기 때문이다. 그 말은 내 뼛속까지 스며들어 그 후 나에게 영향을 주었다. 2년 동안 나는 그 학술단체에서 일했지만, 그 한마디 때문에 결국은 사무국장을 받아들이지 않았다. 그러나 생각해보면 비정한 그 한마디가 결국 나를 채찍처럼 몰아세워온 것도 사실이다. 어쩌면 나는 그 한마디 때문에 발전한 것인지도 모른다. 신설도서관에서 학력 있고 유능한 사서를 한 사람이라도 더 두고 싶은 것은 사실이었지만, 나카자와 씨에게 야간대학을 권함으로써 그런 체험이 전해질지도 몰랐다.

커피잔 테두리에 손끝을 대면서 나카자와 씨는 내 말을 듣고 있더니, 이윽고 얼굴을 들며 "생각해보겠습니다"라고 약간 기어들어가는 목소리로 말했다.

이다 씨는 대학에서 사서와 학예원 자격을 취득했다.

내성적이고 약간 과묵한 성격이기 때문에 카운터에 서 있을 때 어떤 이용자가 건방진 녀석이라고 지적한 적도 있었지만, 꼼꼼하면서 치밀한 일처리는 주목할 만했다. 특히 여러 차례에 걸친 자료작성이 뛰어나 인원요구와 업무전산화에 대해서 담당 부과장과 절충을 할 때에는 강력한 보조자였다.

4월 말부터 이동도서관 갱신계획, 이후 10개년 장서계획과 도서관업무 전개, 조직과 각계의 업무량, 인원요구, 작업예정 그리고 전산화를 위한 기초 데이터 작성 등 우리 두 사람은 연일 밤늦게까지 남아 자료작성에 매달렸다. 시간이 부족했다. 작고 열악한 것이었어도 한 도서관을 유지하면서 부과로 해야 하는 작업이었다. 휴일 반환은 당연했고 5월 연휴에도 우리 두 사람은 도서관 2층 책상에 붙어 있었다.

"우라야스에 정말 새롭고 훌륭한 도서관이 생기겠군요."

얼굴을 들며 이다 씨가 돌연 말을 꺼냈다.

"시찰을 했던 다른 도서관을 볼 때마다 '아, 이 정도 도서관이 정말로, 정말로 우라야스에 세워질 것인가' 하고 항상 생각해왔습니다. 현 내의 도서관을 보고도 그랬습니다. 그들 중 어느 하나라도 우라야스에 있었으면 했습니다."

"현내 도서관 정도로 말하면 안되죠. 지금까지 본 도서관 이상의 것이 우라야스에 생길지도 모르니까요."

사실 그렇다. 우리가 지금 책상 위에서 그리고 있는 도서관이 실현된다면, 인구 한 명당 연간대출권수가 전국 제일의 기록이 될 것이다. 중앙도서관과 더불어 네 개의 분관이 생긴다면 95%의 시민이 도서관 시설에서 반경 1km 이내에 살게 되는 것이다. 아직까지 이런 치밀한 도서관망을 구축한 자치단체는 없었다. 우라야스 도서관이 먼저 시작한다면 커다란 반향을 부를 것이다. 내 말은 반드시 농담만은 아니었다.

지금, 확실한 것은 아무 것도 없다. 오래되고 작은 도서관과 풋내기 관장에 두 명의 직원, 그것이 전부다. 몇 명의 직원이 채용될지, 이동도서관 차는 바꿀 수 있을지, 전산도입은 실현될지, 충분한 도서비를 받게 될지, 모두가 우리 생각만으로 만들어진 신기루이다. 빨리 확실한 것을 붙잡고 싶다고 이다 씨는 말했다.

확실한 것도 있다고, 나는 예산서를 그에게 보여주면서 말했다.

"1980년도 자료구입비가 3백만 엔, 이것은 자네도 아는 대로네. 올해 얼마나 받고 있는지도 알고 있을 거고. 당초 예산으로 4천8백만 엔이네. 3백만 엔이 4천8백만 엔으로 뛰었네. 도서관이 세워지기 전해인데, 우라야스 시가 무엇을 하려고 하는지 이것만으로도 믿을 수 있다고 나는 생각하네."

말수가 적었던 이다 씨는 자주 이야기를 하게 되었다.

꼿꼿이 서서 움직이지도 않고 머리를 푹 수그려 인사하는 그의 모습을 좋아한 것은 아니었다. 그런데 얇은 껍질이 벗겨지듯 과도한 정중함이 없어지자 책임감 강하고 남성다움을 지닌 호감 가는 청년이 나타났던 것이다.

아이들을 중요시하는 도서관 — 설계도면 변경

도서관 건설에 관한 업무는 교육위원회 사회교육과가 담당하고 있었다. 이것은 일본의 어느 자치단체나 마찬가지이다. 과가 소관하는 시설의 건설사무는 담당과가 창구가 되어 업무를 진행하고 있기 때문에, 도서관장은 주로 운영자 입장이나 전문직으로서의 현장경험을 가지고 준비과정부터 참가하고 요청하기도 한다.

처음에 우라야스에 왔을 때에는 시의 건축과를 비롯한 각과와 접촉이 많았기 때문에 시청사의 5층, 사회교육과의 과장 옆에 책상을 하나 두었다.

설계도면을 교육장에게서 건네받았다. 최초의 일이었다. 기본설계를 마친 신설 도서관의 최종적인 검토를 서두르는 것이었다. 설계도는 기본설계가 끝나면 곧 실시설계로 진행되고, 그것이 확정되어버리면 변경은 불가능하기 때문이다. 내가 부임한 시기는 마침 기본설계에서 실시설계로 옮겨가려는 아슬아슬한 시기였다. 나는 지금이라도 내가 참여할 수 있어서 다행이라고 교육장에게 말했다. 이미 결정한 건물 전체 규모를 변경할 수는 없지만, 그 한도 내에서 내부변경은 가능하기 때문에 전문가의 입장에서 검토를 서두르려고 하였다.

도서관을 건설할 때 이상적으로 보면, 용지선정 단계에서부터 도서관장의 의견이 존중되어야 하지만 현실은 그렇지 않다. 먼저 건물을 건설하고 나서 도서관 직원을 채용하거나, 개관하기 직전에야 도서관장을 뽑는 경우가 많기 때문이다. 따라서 도서관 직원을 배치하고 건물을 만드는 일에 운영자인 도서관장으로서 내가 참여할 수 있게 되자 처음부터 역량의 반 이상을 도서관 건설에 투자할 수 있었다. 이렇게 초기 건설과정에서 건물의 설계를 변경할 수 있는 여지가 남아 있는 만큼 우라야스의 경우는 행운이었다고 나는 생각한다.

다음의 그림이 교육장이 건넨 기본설계도면이다. 나는 그 도면을 자세히 보았다. 그리고 현립도서관에서 선배와 몇몇 동료들의 의견을 들어보았다. 결론은 누구나 같았다.

우라야스에 어떤 도서관을 만들 것인가는, 현립도서관 향토자료실에서 우라야스에 대한 자료를 찾아볼 때에 이미 나의 머리속에 잡혀 있었다. 아동에게 훌륭한 질과 양으로 뒷받침되는 철저한 서비스를 완수하는 도서관을 만들겠다는 것은, 공공도서관을 조금이라도 아는 사람이라면 누구나가 생각하는 것이다.

도서관 이용자가 아동이라고 할 경우 0세부터 중학생까지를 포함하는 일이 많은데, 지바 현만 보더라도, 도쿄에 인접한 지바 시 서쪽 공공도서관 중 많이 이용되는 도서관의 내부사정을 조금 자세히 보면 어느 도서관이나 아동서 이용이 대출도서의 50% 이상을 차지하고 있다. 여기에 신흥주택지에 자리한 시립도서관에서는 유아에서 소학교 저학년의 이용이 두드러지게 나타난다. 이 현상은 지바 현에만 국한된 것은 아니다. 전국의 도시에서 혹은 그 주변에서 이러한 상황은 이미 10년 전부터 나타나고 있다.

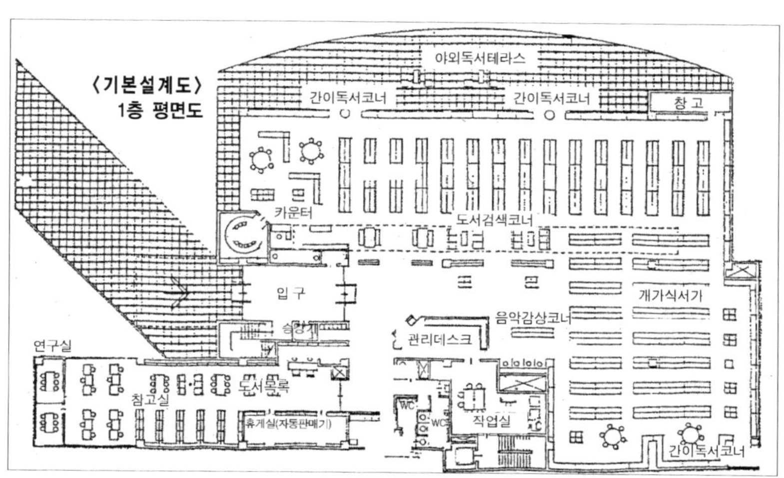

유아와 소학생이 도서관 이용을 많이 한다는 것을 평면적으로만 본다면 어느 도서관이나 그럴 거라고 당연하게 생각버릴지도 모른다. 그러나 이 현상의 근원은 다소 깊은 곳에 있다고 생각한다. 가장 커다란 원인은 1965년을 기점으로 일본열도를 뒤덮은 '고도성장'이라는 물결일 것이다. 전국 각지에서 도시화가 진행되면서 도시 주변이 주택지로 각광을 받았다.

높은 임대료를 지불하는 비교적 젊은 세대주가 이런 주택지에 정착하기 시작한 것이다. 그러나 신흥개발지에는 지금까지 이렇다할 교육·문화시설은 없다. 영화관과 극장은 물론 제대로 된 서점조차 눈에 띄지 않는다. 예를 들면 서점이 있다 해도 자신과 아이들을 위해 계속 책을 구입하는 것은, 겨우 마련한 자기 집의 공간을 생각하면 둘 장소가 없다는 것에 생각이 미치고 또 비싼 임대료를 지불하는 입장에서 책값 또한 만만치 않다. 그러나 아이가 성장하기 전에 시간이 멈추어주지는 않는다. 철든 아이에게 양질의 그림책을 그때그때 보여주고 싶어도 그것이 불가능한 것이다. 이런 어머니들의 불만과 소망이 어디로 향할까? 전국 각지에서 젊은 어머니들이 도서관 만들기 운동을 일으킨 것이 바로 그 때문이었다. 우라야스 역시 예외는 아니었다.

도서관을 요구하는 시민의 소리에 새롭게 세운 도서관은 확실히 대답해야 한다. 아동을 위한 서비스 체제를 충실하게 할 수 있는지에 우라야스 도서관의 성패가 달려 있다고 나는 판단하고 있었다. 단순히 좋은 책을 공짜로 아이들에게 빌려주는 것만으로는 불충분하다. 지역의 어머니와 보모, 초·중학교의 젊은 선생들이 아동서에 대해 무언가 문제가 생겼을 때에 도서관으로 가볍게 발을 돌려, "도서관 직원과 상담하면 해결된다"는 말이 오가는 도서관을 실현시키려고 하였다. 말하자면 우라야스 지역의 아동도서 센터 기능을 하고자 했던 것이다.

이런 측면에서 볼 때 참고실(백과사전, 각종 사전, 통계서, 백서 등의 자료를 두고 조사를 하기 위해 사용하는 방)이 건물 전면에 나와 있는 것은 찬성하기 어렵다. 참고 서비스를 전면으로 한 도서관 운영이 우라야스에서 가능하려면 적어도 20년의 세월이 필요하다고 생각했다. 즉 인구증가가 멈춰 시민의 연령층이 높아질 때, 활발하게 아동실을 이용했던 아이들이 성장하여 우라야스 거리를 채우게 되면, 도서관 서비스는 조사참고기능을 가장 기본적으로 요구할 것이다. 대출 중심 도서관에서 조사하는 도서관으로 변하는 것은 도서관 이용자로서는 즐거운 일이지만, 지금의 우라야스에서는 지나치게 이른 것이다.

장애인 서비스로는 주차장과 주도로에서 완만한 경사면으로 하고, 모든 계단을 없애 서가에 접근할 수 있도록 배려되어 있다. 또 휠체어 이용을 고려한 서가 간격의 충분한 확보도 수긍할 수 있다. 그렇지만 시각장애인 방문에 대비한 대면낭독실이 없는 것은 불만이었다.

그런 점을 설계사에게 말하여, 검토 결과에 이른 것이 실시설계도이다. 입구 홀 벽을 없애고, 아동전용 입구를 마련했다. 성인이 이용하는 개가실과 같은 서가로 연결하면서도 동선을 두 개로 반씩 나눈 처리 효과는 개관 후 곧 나타났다. 일요일에는 내관자가 2천 명을 가볍게 넘기기 때문이다. 도서관 내에서 아이와 어른의 동선이 교차한다면 쓸데없는 혼잡이 생기는 것은 당연하다.

중앙 카운터에 대출·반납업무를 집중시킬 생각이었지만 아동실에 독립된 카운터를 설치한 것은 혼잡할 때를 대비한 것이었다. 또 하나는 아동담당 직원이 항상 각종 상담에 응하도록 하려는 의도 때문이었다.

아동실을 건물 어느 쪽에 둘 것인가는 결정하였다. 문제는 아동실을 운영할 수 있는 역량을 지닌 직원을 구할 수 있는가 하는

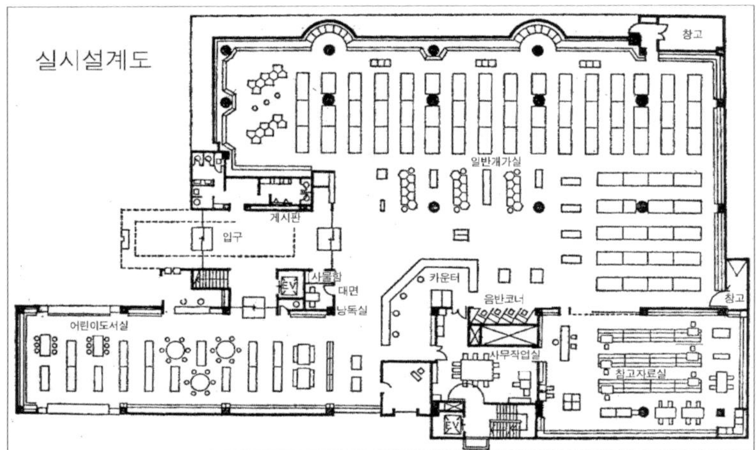

것이다. 아동도서관 직원으로서의 경험이 10년 이상 있는 직원이 욕심이 났다. 시의 직원 채용연령 제한에 상관없이 채용을 고려하면 안 될까 생각하고 있었다. 그런 직원을 봉사계장으로 둘 작정이었기 때문이다.

어떻게 하면 서가의 값을 깎을까?

새로운 도서관 시설이 될 호리에 분관이 들어설 공민관 건설 사무도 사회교육과가 담당하고 있었다.

공민관 건설은 단년도(單年度) 계획이었기 때문에 내가 부임한 때는 이미 실시설계에 들어가 있었다. 어느 날 건설사무 담당 직원이 도서실(즉 도서관 분관) 비품배치도를 제출해달라는 의뢰를 해왔다. 내일까지라는 것이었다. 서가와 카운터의 위치는 조명에 영향을 준다. 서두르는 것은 배선도면 때문이었다. 나는 옛 도서관에서 묵을 각오로 도면에 전념했다.

공민관 도서실 비품구입비를 조사해보니 4백만 엔을 조금 넘는 금액이었다. 아무리 생각해도 도서관용품 전문제조 회사에서 목제 서가와 카운터를 구입할 수 있는 금액은 아니었다. 담당자에게 물어보니 예산이 깎여 우선 목제가 아닌 철제 스틸 제품으로 계획해놓은 것이라고 했다. 우라야스 시에서 최초로 생기는 도서관시설의 서가에 스틸 제품을 사용한다면 중앙도서관 비품을 구입할 때에도 영향을 끼쳐, "이미 호리에 분관은 철제 서가로 설치해놓았으니까 중앙도서관도……" 하는 의견이 나올 것은 분명하다. 한번 들여온 비품을 파손도 되지 않았는데 바꾸는 것은 거의 불가능하다. 어떻게 해서라도 목제 서가를, 그것도 중앙관에 들어오는 것과 같은 브랜드로 들여와야만 한다.

목제 서가와 카운터를 구입하는 것을 전제로 나는 도면 그리기를 했다. 아무리 싸게 깎아도 250만 엔은 부족했다. 그것을 어떻게 할까? 준비실인 도서관에 비가 샐 때 쓰일 수리공사비로 50만 엔의 예산이 잡혀 있었다. 그것을 유용할 수 있다고 생각했다. 비가 새면 물통을 두고 견디면 된다. 이렇게 조금씩 부족분을 염출해보면 어떻게 될지도 모른다. 그래도 부족하면 다음은 업자와 교섭해서 해결하자. 나는 목제 서가와 카운터는 야마구치 목공제품밖에는 없다고 생각하고 있었다. 50년에 이르는 회사의 역사, 히노 시를 비롯하여 많은 주요 도서관에 납품하고 있는 실적으로도 신뢰할 만하기 때문이다. 나는 무엇보다도 히노 시립 도서관에서 본 듬직하고 고아한 서가의 아름다움에 빠져 있었다. 중앙관·분관의 서가를 같은 것으로 해서 시민이 발을 들여놓으면 어느 도서관에서나 같은 인상을 받도록 하고 싶었다.

그러나 관청의 물품구입 업무는 공정을 기하기 위해 경쟁입찰을 한다. 구입기준을 충족시키고 있다면 당연히 보다 싼 쪽에 떨어지는 것이다. 일반 비품구입이라면 그 방법이 좋을지도 모른다. 그러나 도서관이 반영구적으로 사용할 서가와 카운터 등의 비품구입이 가격만으로 결정된다면 꼭 난처한 문제가 생긴다. 겉으론 결정사양을 만족시키고 있어도 심재(나무 중심부)에 손이 덜 가서 생기는 서가판의 비틀림, 화장판의 박리(剝離), 서가판을 받치는 타보판의 결함 등은 사용하는 과정에서 더구나 여러 해가 지나면서 나타난다.

'싼 게 비지떡'이었다고 깨달아도 나중 일이 된다. 이를 미리 방지하는 것은 신뢰를 바탕으로 애프터서비스 체제를 완비하고 있는 브랜드를 지정하는 방법밖에는 없다. 우라야스에서는 야마구치 목공을 지정하려고 생각하고 있었다. 그러나 야마구치 목공의 제품총대리점은 마루젠 한 곳뿐이기 때문에 제품지정은 사실상 마루젠과의 수의계약이 되어버린다. 경쟁입찰 없이 한 회사에서 구입하는 것이 유리한 것은 아니다.

나는 두 가지 조건을 생각하고 있었다. 현내 도서관 중 마루젠에서 비품을 구입한 곳의 가격할인율을 조사해서 우라야스 할인율을 그 이상으로 할 것, 처음 호리에 분관에서 본 카탈로그의 정가를 나중에 중앙관과 도미오카 분관이 구입한다고 결정할 때에도 적용할 것, 즉 정가를 묶어두는 두 가지 전제조건을 제품지정 조건으로 하려고 생각하고 있었던 것이다.

아무리 무리해서 짜내도 250만 엔에 달하는 부족액을 생각하면 마루젠이 적자를 내서라도 납품할 수 있게 하는 세번째 조건을 생각해내야 했다. '우라야스 도서관 만들기가 현실화되면 도쿄와의 거리를 봐서라도 도서관계에 커다란 반향을 일으킬 것이다. 시찰자도 계속 올 것이다. 우라야스 비품을 자기네가 했다는 것은 마루젠으로서는 큰 광고가 될 것이다. 가격 조건에서 생기는 적자는 광고비라고 할 수 없을까' 하는 설득 계획서가 술술 나왔다.

호리에 분관의 비품배치도를 마쳤을 때에는 이미 날이 어렴풋이 밝아오기 시작하고 있었다. 피곤한 머리에, 자전거 진동 소리로 시작되는 우유배달 소리가 경쾌하게 들려왔다.

이전에 있었던 우라야스 시의 도서관 만들기 움직임

우라야스 시의 도서관 만들기 움직임은 내가 부임하기 전해, 인 1980년부터 시작되었다. 새해 예산에는 도서관설계 위탁비가 계상(計上)되었고, 그해 4월 '이런 도서관을 바라는 모임'이 탄생했다. 사서 근무경력이 있는 미타니 씨를 대표로 하여 생겨난 이 모임은 하루가 지나지 않아 회원이 30명에서 70명으로 커갔다.

이 모임은 도서관시설 설계연구소 스가와라 다카시 씨를 강사로 초청해서 시민이 어떤 도서관을 요구하는 운동을 전개해야 하는가를 배우는 한편, 선진 도서관 시찰을 하면서 이상적인 공공도서관상 만들기 연수에 노력했다. 이 모임에는 스키우라 사토시 시의회의원이 회원으로서 참여하여 모임에서 배운 것을 바탕으로 6월 의회에서 도서관 문제를 제기했다. 의사록에서 당시의 질문을 인용해보자.

(스키우라 사토시 씨 등단)

스키우라 사토시: (…) 현대 도서관의 기본은 링컨의 게티스버그 연설을 비교하지 않아도 '시민에 의한 시민을 위한 시민의 도서관 창조'입니다. 히노 시립도서관에서는 '생활 속의 도서관'을 캐치프레이즈로 "도서관은 시민의 것, 당신의 생각 당신의 의견으로 시민의 도서관을 만들어가세요"라고 호소하고 있습니다. 또 다치카와 시에서는 다음과 같이 다섯 가지 원칙을 내세우고 있습니다. 1. 가까운 곳에 있는 도서관, 2. 생활에 도움이 되는 도서관, 3. 가까이 하기 쉽고 이용하기 쉬운 도서관, 4. 누구라도 이용할 수 있는 도서관, 5. 독서의 자유를 보장하는 도서관, (…) 그런데 이 자치단체에서는 어떤 기본구상이 있는지, 또 앞에서 말한 다른 시의 기본구상에 대해 어떤 생각을 하고 있는지 자치단체장

의 답변을 바랍니다. (…) 관장이라는 인재에 의해 크게 좌우되는 것이 도서관 운영, 도서관 서비스입니다. 다른 시의 성공 케이스를 보면 정말 우수한 인재를 다른 시·정·촌 혹은 국·공립 등에서 스카웃한 결과입니다. 이 점은 우리 정도 보고 배워야 한다고 생각합니다. 어떻습니까? 더불어 설계 그외의 단계에서 관장이 참가하면 하는 만큼 좋은 결과가 나오리라는 것은 명백합니다. 이 점에 대해서 의견을 표명해주셨으면 합니다(이하 생략).

(자치단체장 구마카와 요시오 씨 등단)

자치단체장(구마카와 요시오): (…) 지금 히노 시립도서관이나 다치카와 시처럼 다양한 구상이 있습니다. 확실히 우리들이 생각하는 것처럼 그렇게 간단하지가 않습니다. 가능한 한 주민 모두의 의견을 받아들여 주민에게 가까운 도서관이 만들어지는 것이 가장 좋겠지만, 우리의 식견으로는 아직 불충분하다고 생각합니다. 게다가 이번 중앙도서관은 어느 정도 규모로 훌륭하게 만들려고 하기 때문에, 특히 교육위원회와 담당자가 잘 조사해서 앞으로 더욱 (…) 이 문제에 대처해주셨으면 합니다(이하 생략).

의장(후나야마 우사부로): 교육장 오와쿠 사토시 씨.

설명자(오와쿠 사토시): (…) 따라서 관장이 대단히 중요한 위치에 있다는 것은 말할 나위도 없습니다. 도서관은 교육기관이기 때문에 관장은 교육자라고 생각해도 과언은 아니라고 생각하며, 선임에 대해서는 충분히 고려해야 한다고 생각합니다.

9월 의회에서는 공산당 시치리 가즈시 의원에게서도 다음과 같은 질문이 나왔다.

(시치리 가즈시 씨 등단)

시치리 가즈시: (…) 도서관 활동은 내관(來館)한 사람에게 손쉽게 책을 빌려주고, 자치단체 내 사람들이 모이기 쉬운 장소로 정기적으로 자동차 도서관을 순회시킬 뿐 아니라 최근에는 자치회와 가정문고에 대량의 책을 모아서 대출하는 등, 책을 적극적으로 주민 속에 가지고 들어와 이용자가 독서의 즐거움을 맛보고, 스스로 배우고 연구하는 데 도움이 되고 있는 것이 실태입니다. 또 일상생활과 직업상 여러 가지

> 문제를 해결하기 위해 어떤 책과 자료를 보면 좋은가 등의 문의에 응하는 것(참고봉사라고 합니다만)도 최근 도서관에서는 중요한 일이 되어가고 있습니다. 참고봉사에 대해서는 예를 들면 새로운 그릇의 옻냄새를 없애려면 어떻게 하면 좋을지를 집에 있는 백과사전에서 아무리 찾아보아도 알 수 없으면, 도서관에 전화해보면 해결된다고 적극적으로 시민에게 홍보하는 도서관도 있다고 들었습니다. 공해 등 자치문제에 관한 참고자료를 널리 주민에게 소개하기도 하고, 독서회와 전시회, 문화행사를 주최하여 주민의 관심에 부응하는 활동도 도서관 활동의 하나로 최근 상당히 활발하게 이루어지고 있다고 들었습니다.
>
> 이같이 오늘날 도서관은 책과 자료류의 대출과 이용을 위해 상담에 응하는 등 주민에 대한 봉사활동을 중심으로 주민생활의 일부로서 가까이 다가가는 것이 필요하다는 뜻입니다(이하 생략).

도서관 계획이 시작될 때 이러한 수준 높고 날카로운 질문이 우라야스 시에서 나왔다는 것은 의의가 크다. 그 영향 또한 결코 작은 것은 아니었다고 생각한다.

중앙관 개관 이래 각지에서 시찰이 계속되어 현재까지도 이어지고 있다. 지방의원의 시찰도 많은데, 야당소속 어느 지방의원이 진지한 얼굴로 이 도서관의 입관료는 어떻게 하고 있느냐고 물어왔다. 자치단체가 운영하는 공립도서관은 일체의 입관료를 징수하지 않는다는 법률조차 모르고 있는 것이다. 혁신야당에 몸을 둔 의원인데도 말이다. 우라야스 의회 의사록을 넘기면서 감동을 금할 수 없는 것은 그러한 경험이 있었기 때문이었다.

8월에 청사 내에 '(가칭)우라야스 시립중앙도서관 건설위원회'가 생겼다. 위원장은 상급공무원, 10명의 위원은 교육장 이하 관계부과장으로 구성되었고, 사무국은 사회교육과 문화계에 두었다. 위원회는 우선, 당시 우라와 시립도서관장으로 있던 스즈키 시로 씨를 초청해 현재 공립도서관의 사명, 역할 등에 대해 듣고 어떤 건물을 만들 것인가에 대해서 공통이해를 도모했다. 계속해서 히노, 히가시무라야마, 횻사, 아키시마, 우라와, 와라비 등 선진적인 시립도서관을 시찰하고, 현대 도서관이 학생들의 공부방이 아니라 시민에게 자료를 대출하는 것에 중점을 두고 운영되고 있다는 것을 이해했다.

각지 시찰을 근거로 사회교육과 문화계는 <중앙도서관건설계획서> 작성에 들어갔다.

12월 정례의회에서도 앞에 인용한 두 의원이 도서관에 대해 질문했다. 질문의 요지는 시민을 위한 열린 도서관을 만들어야 할 필요성과 그를 위해 행정이 구체적으로 어떻게 대응하고 있는가 하는 점이었다.

'이런 도서관을 바라는 모임'은 10, 11월에 걸쳐 행정측과 여러 차례에 걸쳐 서로 이야기를 하고, 그 자리에서 구두로 30항목에 이르는 요망사항을 정리해냈다. 예를 들면 대출을 중심으로 한 도서관을 만들 것, 전문직 관장과 직원을 채용할 것, 아동서 서비스 확충, 신체장애인에 대해 배려할 것 등이었다.

이런 요망사항을 1981년 4월, 내가 임지에 도착하자마자 나에게 녹음 테이프로 들려주었는데, 도서관인이 생각하는 것과 상반되는 부분은 조금도 없었다. 오히려 도서관인이 말해야 할 것을 이미 전년도에 대변해주었다는 것이 솔직한 인상이었다.

프롤로그 첫머리에서 언급한 ≪아사히 신문≫ 기사는 이 때의 움직임을 취재한 것이다.

사회교육과 문화계장 나리타 마사키 씨측의 노력이 실현되어 12월에는 현안인 <중앙도서관건설계획서>가 나왔다. 이 계획서는 자마 시를 모델로 하여 만들어졌고, 기본방향에 앞서 말한 시민의 요망이 충분히 반영되었다. 또 사회교육과 내에서 지구(地區) 공민관건설계획서가 진행되는 기회를 놓치지 않고 공민관 도서실을 충분한 넓이로 확보하고, 이를 새로운 도서관 분관으로 하는 방향을 세워 중앙관, 분관의 기능도 계획서에서 만들어두었다.

그간의 경과를 보면, 시민단체의 중심이 된 사람이 이전에 사서로 도서관 근무를 해보았다는 것은 운동 자체나 도서관에 다행스런 일이었다는 생각이 든다. 행정비판에 매달리는 운동이 아니고 오로지 시민에게 보다 좋은 도서관의 건설을 희망하고, 끈기있게 교섭에 임한 것은 운동의 나아갈 방향에 시사하는 바가 크다. 또 모임이 조언을 받고 있는 스가와라 씨, 위원회가 부른 스즈키 씨, 모두 현재의 공립도서관을 추진해온 사람이었기 때문에, 시민단체와 행정측은 도서관 만들기를 향해 뜻밖에 (그리고 당연한 것이지만) 같은 방향으로 가고 있었음을 알 수 있다.

남은 과제는 신속하게 계획을 누가 구체화해 갈 것인가 하는 것이었다. 그 과제를 '떡은 떡집에'라고 생각해, 교육장은 전문직 관장 배치를 강하게 희망했던 것이다. 앞서의 의회질문은 그러한 분위기를 고조시켜 빠른 결과를 가져왔다고 말할 수 있다.

생각해보면 도서관 건설에 대해 앞에서 말한 것과 같은 시민단체의 움직임은 우라야스뿐만 아니라 전국 각지에서 일어나고 있다. 우라야스 도서관이 생기고부터는 활동가들의 견학도 많았다. 그러나 운동 모두가 우라야스와 같은 결실을 보고 있는 것은 아니다. 행정의 문턱이 높아 시민의 소원이 이루어지지 않는 경우도 많은 것 같다.

우라야스의 경우, 1981년의 준비기간을 빼면 약 13개월 동안에 중앙도서관과 세 개의 분관, 거기에 이동도서관 설치장소 10개소라는 서비스망이 이루어졌다. 약 17㎢의 지역 중 인구거주지역을 12㎢로 보면, 시설에서 대략 반경 1㎞ 이내에 95%의 시민이 거주할 수 있게 된다.

시민운동이 실현되지 않은 다른 시의 사례를 접할 때, 우라야스의 현 상황을 가져온 최대의 원인은 어디에 있는가를 나는 생각하곤 한다. 물론 이유는 단순하지 않지만, 시민의 요망과 의회질문을 받아들인 점, 행정이 도서관문제에 신속한 대응을 한 것은 특별히 평가해주어야만 한다. 우라야스의 행정체질이 여기에도 여실히 나타나고 있다. 우라야스 시와 같은 해에 시 제도가 시행된 욧카이도 시의 주민인 내가 두 자치단체를 비교하면 우라야스의 신속한 행정 대응력이 인상적인 경우가 많았기 때문이다.

공원, 종합병원, 경찰서, 문화회관, 공민관, 그리고 우체국과 시민의 요구가 많은 시설의 잇따른 설치와 관계 방면에 대한 대응, 비싼 주택을 구입하여 이사온 사람들의 생활부담을 조금이라도 줄여주기 위한 공립유치원 완비 등, 시민 서비스에 철저한 행정시책을 들면 일일이 열거할 수 없지만 13개월 동안 현재 도서관 서비스망을 만들어내는 방법도 우라야스 행정의 독특한 에너지의 소산으로 생각하지 않을 수 없다.

도서관 운영의 문제에 대해서 2건의 의회진정이 제출되어, 전년도부터 계속 심의되고 있었다.

하나는 '어린이 책을 읽는 모임'이라는 서클에서 '그림책 선정법과 읽는 방법, 말하고 듣는 방법' 강습회를 실시하고 싶다는 것, 또 한 건은 '시립도서관의 주민 서비스에 관한 진정'이었다. 내용은 네 항목이다.

1. 사서 채용, 증원, 2. 이동도서관의 충실과 홍보, 대형화, 3. 이용자의 의견을 반영할 수 있는 기회 설정, 4. 도서관에 관한 정보 코너 설치 등이었다.

빈약한 도서관이지만 조례설치에 의해 시립도서관을 열고 있는 이상, 두 건의 진정을 당연히 해결해야 했다. 대부분의 요망은 도서관의 당연한 업무인데 그것을 하지 않았기 때문에 생기는 것이다. 일손이 없다든가 예산이 없어서일까, (그것도 물론 사실이지만) 말을 한 이상 이 진정을 처리할 수 없다면, 도서관으로서 어쨌거나 면목없는 일이라 생각했다.

예산은 정말로 없었지만 돈을 들이지 않는 방법을 동원했다. '그림책에 대한 강습회'는 현립도서관에 사정을 말해, 평소에 친한 동료인 아동자료실 담당 이소노 요시코 씨에게 사례 없이 강의를 맡아줄 것을 부탁하고, 도서관에 게시 코너를 만들어 인근 도서관과 현립도서관의 행사를 알려주기로 했다. 이용자의 소리를 반영하는 것은 이미 앙케이트 상자를 설치했지만, 근본적인 해결법으로 중앙도서관 완성 후에 도서관협의회를 설치하여 해결하려고 한다는 것을 전했다. 사서 증원과 이동도서관 대형화에 대해서는 다른 안건을 포함하여 자세한 자료가 준비된 다음에 시장과 절충을 시작할 예정이었다. 물론 요구해결도 중요하지만, 우라야스에 도서관을 만들기 위해 전력투구하는 사람이 있다는 것을 시민운동 관계자들에게 이해시키는 것, 필요하다면 서로 도와주는 관계를 만드는 것, 그것이 무엇보다 필요한 것이었다.

이동도서관 전임관장 임명, 입주가 끝난 주택단지의 순회도서관 설치 등을 요구하는 전화가 사회교육과에 빈번하게 걸려왔다. 그러나 요구에 맞춰 설치장소를 증설하는 데 필요한 이동도서관 차가 없었다.

우라야스의 경우 도서관에 일손이 없었기 때문에 이동도서관 차의 운행을 사회교육과에서 하고 있었다. 담당자도 돌아가면서 매회 다른 사람이 승차하였다. 차는 1,800cc 트럭을 개조한 것으로 책은 8백 권 정도밖에 실을 수 없었다. 도서관에서 책을 실어가지만 도서관 자체에 워낙 괜찮은 책이 적기 때문에 차 선반에 놓인 책은 파손되거나 오래되어서 책등의 글자를 읽을 수 없는 것도 많았다. 그래도 선반이 책으로 차지 않아서, 공간이 빈 선반에는 상자를 두었다. 도서관 차라기보다는 아무리 봐도 폐지회수를 하는 자동차에 가까웠다. 실제로 순회 중에 폐신문 다발을 들고 오는 사람이 있다고 나를 데리고 간 젊은 직원은 웃으면서 얘기했다. 아동도서를 차도 쪽 서가에 두는 것도 신경이 쓰였고, 대출을 1인 1권으로 제한하는 것도 마음에 걸렸다. 먼저 살던 곳에서 도서관을 이용해본 사람이 이 차의 서가를 본다면 매우 놀라면서 이상해 할 정도로 정말 변변치 않은 것이었다. 사회교육과 사람들에게는 폭언으로 들렸을지도 모르지만 "마을에 불만의 씨를 뿌리며 다니고 있다"는 말을 억누를 수 없었다.

이동도서관 스테이션 설치요망을 계속해서 거절했다. 차를 순회해도 반드시 생길 불만임을 알고 있었기 때문이다. 그리고 순회를 하고 싶어도 도서관에 책이 없었다. 공식적으로 2만 권을 보유하고 있었지만, 사용할 수 없는 먼지투성이의 새까만 책을 빼면 실제 사용 가능한 책은 반도 안되었다. 그 가운데서 이미 4천 권 정도를 도서관과 이동도서관이 서로 변통해서 운영하고 있는 실정이었다.

책이 필요했다. 주택단지 어머니들의 요구에 부응하기 위해서 어린이 그림책이 긴급히 3천~4천 권 필요했다. 그것만 있다면 이동도서관 방문요청을 거절만 하지 않고, 대체조치로 단지자치회에서 배본활동을 할 수 있을 것이다. 여름방학 전에 아이들을 위해 자치회 집회소에 어느 정도 책을 둘 수 있다면 불완전한 이동도서관을 순회시키는 것보다 훨씬 효과가 좋을 것이다……. 이때 문득 내게 떠오른 것은, 너무 낡아 쓸모없다는 이유로 현립도서관 서고 상자 안에 잠들어 있는 제적대상의 1만 권에 가까운 책이었다.

현역도서로서 사용하기에는 너무 더러워졌거나 오래된 책 (주로 아동서와 독서보급용 도서로 사용한 것 가운데 자료적 가치가 적은 책)이 거의 1만 권 가까이 되는데, 그 책들을 선반에서 뽑는 작업은 현립도서관에서 일할 때 나 자신이 했던 일이다. 그중에서 비교적 좋은 것을 선정하면 3천 권 정도의 아동도서는 갖출 수 있을 것이라는 생각에 도달했다. 그것을 장기대여 받으면 되었다. 신간도서를 3천 권 채워달라는 것이 아니기 때문에 현립도서관 자료비에 영향을 주는 것도 아니었다. 제적대상의 오래된 책이어도 우라야스 이동도서관 선반에 놓여 있는 책등의 글자도 읽을 수 없는 책보다 상태는 꽤 좋은 것이었다. 8개 자치회의 요망으로 제기된 이동도서관 순회에 대한 대체작업으로 3백 권씩 상자에 담아 자치회에 보내고, 이를 2개월마다 순환시키면 1981년은 주민요구를 해결할 수 있었다.

3천 권 대여를 의뢰하면 현립도서관이 빨리 해줄 것이라고 기대했다. 그러나 실제로 반드시 그런 것은 아니었다. 다른 이도 아닌 내가 몸담고 있던 관외봉사과 후배들이 임시대출을 꺼리고 있다는 정보가 전해져왔다. 그렇지 않아도 힘에 부치도록 일을 떠맡고 있는데, 제적대상 중에서 3천 권을 뽑는 일을 할 수 없다는 것이었다. '빌려준다면 우라야스에서 현립도서관에 와 작업을 해야지' '원래 연도계획에는 없었다'는 것이다.

실정을 모르는 것이 얼마나 비정할 수 있는지를 보여주었다. 게다가 책상을 나란히 하고 있던 후배들에게서 그런 말이 나왔다는 것을 듣게 되어 나는 마음이 아팠다. 이동도서관 차를 타고 현내 스테이션을 순회하고 돌아오는 일이 결코 즐거운 것이 아니라는 것은 알고 있다. 일이 항상 남아 있는 느낌인데 갑자기 날아들어온 우라야스의 의뢰에 그들이 곤혹스러우리라는 것도 이해할 수 있다. 그러나 몇 사람만 순회활동에 나가지 않으면 이틀도 걸리지 않을 업무량이 아닌가. 나는 불만이었다. 손님으로 초대되어 2층으로 올라가 정신을 차려보니 사다리를 잃어버린 것 같은 기분은 내 마음속에서 쉽사리 사라지지 않았다. 나도 전에 그들과 같은 입장이었던 것이다.

현립도서관에서 나와 현재는 나리타 시립도서관장을 하고 있는 사나다 이사오 씨가 나가레야마 시립도서관을 만들기 위해 초대관장으로 취임해 간 일이 있었다. 당시 스즈키 관장과 하야시다 과장의 의향도 있었지만, 얼마 안 있어 나가레야마에서 사나다 씨가 이동도서관을 시작하는 날을 위해 신간도서를 조금씩 모아서 1천 권을 보내준 적이 있었다. 그것은 사나다 씨에 대한 개인적인 정으로 한 것은 아니었다. 도서관 행정이 정체되어 있던 나가레야마에 시립도서관이 생긴 것이 시·정·촌 도서관 육성, 지원을 업무로 하고 있는 관외봉사과의 한 과원으로서 기뻤던 것이다. 그곳 일이 원활하게 진행되도록 1천 권의 책으로 자그마한 계기를 만들어주고 싶다고 생각했기 때문이다.

결국 우라야스의 의뢰는 현립도서관의 관리직에서 직무명령을 내림으로써 실현을 보았다. 현립도서관에서 가지고 온 책을 우리 세 명은 퇴근시간 후 도서관에 남아 3백 권씩 나누어 상자에 넣었다. 상자는 지역 서점 협동조합을 통해 '지바일판'에서 받았다. 사용하기에 낡은 상자를 낡은 밴 승용차에 탄 중년남자가 몇 차례 받아왔다. 지바일판 사람들은 그런 나를 고서회수업자로 보고 있었음에 틀림없다고 생각한다.

자치회 배본은 소학교가 여름방학에 들어가기 전에 마치고 배본을 시작했다.

폐기 직전의 오래된 책을, 그것도 꼭 3백 권씩 나눈 어려운 상황인데도 의외로 자치회 사람들은 모두 기뻐해주었다. 책을 기다리는 사람들 가운데에는 '이런 도서관을 바라는 모임' 회원인 사람들도 있었는지 도서관의 자치회 배본 일은 곧 활동가들 사이에 알려졌다.

내 생각에 자치회 배본은 어디까지나 응급조처에 지나지 않았다. 여덟 곳의 자치회에서 나온 이동도서관 요망은 반드시 해결해야 했다. 그것을 근간으로 직원을 늘리고 차를 도서관에서 관리하고, 더불어 대형화를 실현해야 한다고 생각했기 때문이다. 이를 실현시키는 것이 내 원래 의도였다.

다른 이야기이지만, 내가 부임하기 전 도서관 관계업무는 사회교육과 문화계장인 나리타 씨가 담당하고 있었다. 도서관 직원인 두 사람은 도서관의 일상업무에 쫓기고 있어서 건설계획과 도서관 예산편성, 이동도서관 운행업무 등의 책임은 사실상 나리타 계장이 맡아온 것이다.

사무인계의 일환으로 나리타 씨가 이동도서관 스테이션을 안내해준 일이 있었다. 한 스테이션 앞에서 내리니, 기다리고 있었던 듯 젊은 부인이 나리타 씨에게 말을 걸어왔다. 시 직원은 모두 감색 옷을 입고 있었기 때문에 금방 알아보았던 것이다. 그 사람은 나리타 씨를 붙잡고 자기 집 앞 하수도가 막혔으니 빨리 조처해달라고 했다. 그는 그 말을 듣자마자 하수도 입구를 막고 있는 무거운 철판을 들어올려 하수구 상태를 조사하기 시작했다. 점토색 토사가 하수도를 막고 있었다. 비가 올 때마다 빗물을 따라 진흙이 흘러들어와 쌓였던 것이다. 조사가 끝나고 나리타 씨가 메모장에 무언가를 써넣더니 "알았습니다. 담당자에게 빨리 연락해서 해결책을 알려드리도록 하겠습니다"라고 말했다.

그것은 정말 훌륭한 대응방법이었다. 그리고 나에게는 좀처럼 믿기 어려운 광경이었다. 교육위원회 직원이 하수구가 막혔다는 고충을 듣더니 주저없이 하수구 뚜껑을 열어 하수구 상태를 조사했던 것이다. 그것을 당연하다고 생각하는 것이었다. 현청의 직원에게는 있을 수 없는 일이었다. 다시 차에 탄 나리타 씨는 좀 전에 일어난 일에 대해서는 아무 말도 하지 않았다. 특별한 일이라고 생각하지 않는 것이다. 이를 통해 나는 주민과 밀착되어 있는 시 공무원의 태도를 알 수 있었다. 그리고 그 일은 시립과 현립도서관의 차이에 비추어볼 때도 딱 들어맞는 것이었다.

시 공무원의 철저함. 내가 그것을 몸으로 직접 경험하게 된 것은 그해 가을도 깊어갈 즈음에 상륙한 태풍 24호로 홍수 소동이 우라야스에 일어났을 때였다.

홍수 이야기

전화가 걸려온 것은 밤 9시가 넘어서였다.

밖에는 저녁 때부터 심해진 비가 태풍의 접근으로 호우로 변해가고 있었다. 밤 9시, 수방본부에서 제1차 비상체제가 발령되었으니 급히 출근하라는 연락이 왔다. 관리직과 시내에 사는 남자직원의 출동체제이다. 시내에 사는 남자직원은 없었기 때문에 도서관에서 출동할 사람은 나뿐이었다.

빨리 출근하라고 했지만 내가 사는 욧가이도에서 우라야스까지는 아무리 서둘러도 차로 1시간은 걸린다. 게다가 밖은 10미터 앞이 보이지 않을 정도로 호우가 쏟아지고 있었다. 이 빗속에 어쩌라는 것일까. 나는 좀 망설였지만 비상체제가 가동되었는데 나만 집에 머무를 수 없다고 생각을 고쳐먹고 차의 시동을 걸었다.

대단한 비였다. 와이퍼를 아무리 움직여도 곧바로 빗물이 떨어져 시야를 확보할 수가 없었다. 도로는 가는 곳마다 침수되기 시작했다. 도로에서 차가 마주 오면 마치 폭포에 부딪치는 것 같았다. 우라야스에 도착할 수 있을까 하는 생각조차 들었지만, 어찌어찌 하여 도착하였다. 도서관에 들어가 수방복으로 갈아입고, 비옷을 그 위에 입고 다시 청사로 향했다. 비가 차의 지붕을 거세게 때렸다. 2층에서 물통으로 물을 퍼붓는 듯했다. 도서관에서 시청으로 향하는 구 시가지의 저지대에서는 이미 빗물이 역류하고 있었다. 도로측 하수도에서도 물이 역류하고 있었다. 하수도와 도로의 구별이 없어져, 조심해서 커브를 돌리지 않으면 바퀴가 빠질 것 같았다.

수방본부가 설치된 청사 1층에는 방재 무선으로 피해를 전하는 목소리가 쉴 새 없이 들려오고 있었다. 응답을 계속하는 토목관리과장의 목소리는 이미 지쳐 조금씩 갈라지고 있었다. 아주 젖은 직원들이 바쁘게 출입하고 있다. 가슴 부근까지 수방복이 젖은 공민관장 요시에 씨가 피곤한 얼굴로 들어왔다. 구 시가지는 침수하고 있는 것 같았다. 배수구가 넘쳐 도서관이 있는 공민관 부근 저지대에서는 허리에서 가슴까지 물이 차오르고 있다는 것이었다.

도서관이 마음에 걸렸다. 약 1시간 정도 전까지는 괜찮았지만, 공민관 부근에 있는 도서관이 낮은 곳에 있는지 아니면 그래도 조금은 높은 곳에 있는지 알 수가 없었다. 허리나 가슴까지 물이 차오르고 있다면, 이미 도서관도 침수되었을지 몰랐다. 문제는 책이었다. 나는 걱정이 되었다. 본부에서 할 수 있는 일도 없이 앉아 있는 것도 도리가 아니었다.

상태를 보고 오겠다고 말하고 밖으로 나왔다. 비는 아직도 수그러들 기세가 아니었다. 청사 조명에 비춰진 빗줄기는 하얀 판처럼 보였다. 침수가 적은 큰길을 걷고 있었지만 보도도 차도도 이미 침수되었다. 역 앞 오우로(五叉路) 근처로 오니 놀라웠다. 도로가 하천으로 변해버린 것이었다. 우라야스 교와 교토쿠 방면 길에서 흘러들어온 물이 철썩거리면서 공민관 앞으로 흘러들어오고 있었다. 도로에는 몇 대의 자동차가 물 속에서 움직이지 않고 있었다. 물이 상당히 깊은데 차가 물에 뜨지 않는 것은 차 안에도 물이 차 있기 때문일 것이다. 나는 집집의 처마 근처 지반을 살피면서 걸어갔다. 공민관 앞 근처가 가장 깊이 잠겼지만 거기를 지나니 약간씩 지형이 높아지고 있었다. 도서관 앞은 무릎 정도의 깊이였다. 바깥문을 열고 안으로 들어가보니 현관 콘크리트 마루 부분까지 물이 차올랐지만 한 단 높은 카운터 내부까지는 아직 물이 차지 않았다.

만조는 오전 1시 13분. 빗줄기가 조금씩 약해지고 있어서, 더 이상 물이 차오르지는 않을 것이라고 생각했다. 서가와 서가 사이가 좁기 때문에, 이용자를 생각해서 맨 아랫단을 비워놓은 것이 이런 때 도움이 되었다.

이 날 거의 모든 시 직원이 한숨도 자지 않았다. 자기 집 침수는 내팽개치고 방수를 위해 일하고 있는 직원도 있었다. 그런 직원에게 집이 물에 잠기게 된 것은 시의 대책이 나빴기 때문이라고 불평하는 시민이 한두 사람이 아니었다. 무슨 일이 일어나도 누군가가 책임을 지지 않으면 용납하지 않는 사람이 확실히 많아졌다. 연간 강우량의 2배 가까운 비가 하루 밤 안에 내린 것이었다. 비가 내리고 태풍이 오는 것도 시의 책임인가. 농담이 아니다. 있어도 갈 곳이 없는 노여움과 슬픔을 견디는 것이야말로 인간 삶의 기본인 셈이다. 어디까지 해야 납득해줄 것인가. 내 하반신이 젖고 있었다. 나는 거의 언쟁을 대신하고 싶은 기분으로 그 사람을 노려보고 있었다.

보소 반도를 빼앗은 이 태풍은 도쿄에 인접한 에도가와 주변 지역, 통칭 도카츠 지구라고 불리는 일대에 수해를 입혔다. 신문보도에 의하면 피해는 개발이 진행 중인 지역에 집중되어 "도시정비 미비가 눈에 띈다"고 했지만, 우라야스의 피해는 반대였다. 신개발지는 피해가 없었지만 네코자네와 호리에의 구 시가지 지역이 침수되었다. 시에서는 이 지역의 하수구를 파내려가 폭을 넓히고 지하 하수관을 큰 것으로 바꾸는 등 근본적인 개선공사를 다음해 초부터 시작할 예정이었다.

철야를 한 다음날에도 청사의 각 창구는 보통 때처럼 시작되었다. 이것이 당연하다고 보는 사람은 업무가 사람의 마음으로 이루어진다는 것을 끝내 볼 수 없을 것이다. 공무원이 게으른 자의 대명사처럼 일컬어지는 풍조가 있다. 그것은 사실이 아니다. 적어도 시 공무원에 대해서만은 그것은 편견이라고 나는 우라야스 시 직원들이 일하는 모습을 보고 주저없이 말할 수 있다.

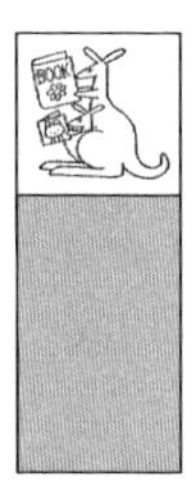

2
사람들과의 만남

시민운동을 하는 사람들

"어때요, 좀 익숙해지셨습니까?"

사회교육과 책상 앞에 앉아 있는 나에게 말을 걸어온 것은 총무부장인 하시즈메 씨였다.

현립도서관 후지가와 부관장을 따라왔을 때 총무부장이 현에서 파견된 직원이며, 예전에 후지가와 씨와 현 교육위원회에서 함께 일한 적이 있다는 것을 알았다. 그 경력을 알고 친근감을 느끼고는 있었지만 잠깐 인사를 주고받은 정도였기 때문에 내가 굳이 방문할 이유는 없었다.

하시즈메 씨는 소파 쪽으로 나를 손짓해 부르고는 내가 앉기를 기다려 한 장의 엽서를 보여주었다. 후지가와 씨가 하시즈메 씨에게 보낸 것이었다. 내용은 나에 대한 것이었다. 현립도서관에서 처음으로 외부로 나가는 사람이므로 잘 모르는 것이 많을 것이니 아무쪼록 잘 부탁한다는 내용이었다. 나에게는 전혀 내색하지 않고 뒤에서 도움의 손길을 주는 후지가와 씨의 배려가 가슴이 훈훈해질 정도로 고맙게 느껴졌다. 허술한 뗏목으로 방향도 모르는 채 바다에 나가버린 듯한 불안감이 솔직히 나에게는 있었기 때문에, 후지가와 씨의 마음을 나에게 전해준 하시즈메 씨의 자상함도 흐뭇했다.

하지즈메 부장은 신뢰도 힘이 된다는 것을 말을 하지 않고 나에게 보여준 것이다. 나이를 물어보고 나서 나보다 한 살 어리다는 것을 알았지만 주오 대학 법과를 나온 순수한 행정인으로, 요직을 훌륭하게 수행해낼 충분한 경험과 판단력이 있다는 것을 금방 알 수 있었다. 유능한 사무인 특유의 차가움보다는 때에 따라 엄해지는 표정 속에서도 언제나 사람을 그리워하는 순수함이 담겨 있었다.

축제 분위기에 신경쓰지 말라고 총무부장 답게 하시즈메 씨는 말하고 있었지만, 과감히 일을 시작하는 편이 좋다고 했다.

"지금은 다소 쓸모없다고 생각되어도 만들기로 한 이상 과감히 좋은 도서관을 만드는 편이 좋습니다. 걱정할 필요 없어요. 지금의 우라야스라면 그것이 가능하기 때문에 관장은 혜택받은 곳에 와 있는 것입니다."

그 후에도 총무부장은 자주 이야기를 건네주었고, 역 가까이의 구 도서관에도 들러주었다. 커피를 마시고선 술을 마신 것처럼 하시즈메 씨는 고향 다카토 벚꽃의 아름다움에 대해, 그리고 나는 소설에 대해 서로 이야기하는 사이가 되었다. 직원채용을 비롯해 여러 가지 절충을 시장과 시작할 때, 하시즈메 씨와의 친교가 싹

튼 것은 마음 든든한 일이었다. 그리고 사실 음으로 양으로 도서관에 대해서 시종 따뜻한 배려를 잊지 않았다. 내가 격식을 차려 고맙다는 인사를 하면 “아니에요. 관장이 열심히 하고 있기 때문에 그렇게 된 것이죠”라고 가볍게 응대하는 것이 보통이었다.

‘이런 도서관을 바라는 모임’ 사람들과 처음으로 만난 것은 부임한 4월 중순이었다.

약속시간에 청사 3층 커뮤니케이션홀에 갔더니 10명쯤 되는 사람들이 와 있었다. 대표인 미타미 기미 씨도 그때 처음으로 만났다. 남자도 한 명 참가하고 있었다. 우리측에는 사회교육과장이 동석했다.

어떤 도서관을 만들어갈 것인가, 시민의 요망을 어떻게 반영할 것인가, ‘이런 도서관을 바라는 모임’의 목소리만이 아니라 폭넓은 시민의 소리를 어떻게 듣고 또 그것을 어떻게 계획에 반영할 것인가 등 여러 가지 질문이 나왔다.

중앙관 설계도면도 수정 중이었고, 분관과 이동도서관의 직원 채용에 대해서도 나 개인의 생각은 확고해지고 있었지만, 구체적으로 그 상황에서 제시할 수 있는 단계는 아니었다. 나는 도서관인으로서의 이념에서, 건설과 운영에 이용자인 시민의 소리를 가능한 한 받아들이는 것을 운영의 기본적인 자세로 한다고 언명했다. 그리고 여러분이 바라는 이상적인 도서관이 우라야스에 생길 것이라고 덧붙였다. 모임 사람들과의 만남에서 위화감은 느껴지지 않았고 마음 어딘가에 이 사람들은 동지다, 사이좋게 해나가고 싶다는 바람도 있었다. 나의 이런 생각은 모임 사람들에게도 전해진 듯 분위기는 곧 부드러워졌다.

다만 입장을 명확히 하기 위해 몇 가지 점에서 일부 사람의 제의에 반론을 제기했다. 새로 생기는 도서관에 유희시설을 설치해달라고 하는 것과 구입할 책들을 자신들도 선택할 수 있도록 해달라는 두 가지였다. 유희시설은 공원용지에 도서관이 세워지는 것이므로 도서관 내에는 생각할 수 없었다. 도서관에서 구입할 책을 선택하는 것은 사서의 중요한 역할이었다. 시민이 전문직 관장과 직원 채용을 시에 요구하는 것도 전문가가 제 역할을 다하여 좋은 도서관이 만들어지는 것이 좋기 때문이 아닌가. 시민 한 사람 한 사람의 책에 대한 의견은 리퀘스트 제도로 받아들일 수 있고, 책을 선정하는 것은 또 다른 문제라는 것이 우리 생각이었다.

처음 만남에서 모임 사람들과의 의사소통은 대체로 생각한 대로였다.

"관장님은 언제까지 우라야스에 계시는 겁니까?"

온화한 분위기에서 그런 질문도 나왔다. 막 부임한 사람에게 꽤 실례가 되는 질문이라고 생각하지 않을 수 없었지만, 거기에는 "잘 와주셨습니다. 아무쪼록 오래 계셨으면 좋겠습니다"라는 뉘앙스가 감돌고 있는 것 같았다.

"지금은 돌아가는 것 따위는 생각하지 않습니다. 돌아가는 것을 생각하고 있다면 처음부터 오지 않았습니다. 우라야스에 훌륭한 도서관을 만드는 것이 중요합니다. 그것이 가능하도록 여러분들도 도와주세요."

모임의 사람들과는 기분 좋게 헤어졌다. 시종 말없이 동석했던 사회교육과장은 운동하는 사람들을 조금도 꺼려하지 않는 나를 물끄러미 바라보면서 "당신은 현에서 도대체 무슨 일을 했던 겁니까?……"라고 말했다.

오오키 과장의 그런 모습이 나는 굉장히 유쾌했다.

두번째로 모임의 핵심인 사람들을 만났을 때, 도서관과 주민의 도서관 만들기 운동에 대해 내가 어떻게 생각해왔는가를 상세히 알려두는 것이 좋지 않을까 생각했다. 나는 현립도서관에 있을 때 현에서 벌어지는 운동을 취재하고, 관보 ≪지바 문화≫에 소논문을 발표한 적이 있었다. 다음의 글이 그것이다. 나는 그것을 모임 사람들에게 읽게 했다.

'고조되는 시민의 도서관에 대한 요구'

주민에 의한 두 가지 운동

주민운동이라고 하면 생활환경의 파괴를 방지하기 위해 나선 공해반대운동이 떠오른다. 확실히 1965년을 경계로 해서 현에도 이러한 운동은 급속히 일어나고 있었다. 흔히 말하듯이 그것은 고속 경제성장이라는 이름 아래 일본의 경제, 산업규모가 확대되고 그 영향이 개인의 생활권에까지 미쳐 그때까지의 질서와 환경이 현저하게 악화되어 일어나게 되었다. 시민이 침묵을 깨고 '사실을 말하는 시민, 행동하는 시민'이 된 과정에는 그 나름대로 심각한 이유가 있을 것이다.

이런 운동의 고양과는 어느 정도 뉘앙스의 차이가 있고, 매스컴에는 자주 다루어지지 않았지만 마찬가지로 1965년을 경계로 해서 주민들 속에 하나의 운동이 시작되었다. 그것은 '문고'를 세워 지역의 아동들에게 비용을 전부 자기가 부담하여 책을 대출하던 어머니들의 도서관 설치요구 운동이다.

현에서 일어난 도서관 설치요구 주민운동은 현재까지 두 갈래로 나누어진다. 하나는 1972년에 지바 현 공공도서관협회를 배경으로 각 도서관 이용자와 독서회 관계자들 사이에서 일어난 현립도서관 도서비 증액을 위한 10만인 서명운동과 이것을 시 규모로 재현한 모바라 시립도서관 도서비 증액운동이다. 즉 주민의 서명을 통해 이미 설립된 도서관의 충실을 도모하려고 하는 것. 또 하나는 마츠도시 도키와다히치 단지, 가시와시 도요시키 단지 등에서 성공을 거둔 도서관 설치를 위한 운동이다.

현립도서관 도서비 증액 서명운동과 모바라의 운동은 요구가 예산측면에 한정되어 있고, 또 자치단체의 재정도 지금만큼 나쁘지 않아 운동 자체는 일시적으로 꽤 성과를 거두었다. 그때까지 현립도서관 도서구입비는 인구 1인당 연간 6엔으로 도·부·현립 수준에서는 전국 28위였지만, 이 운동 후에는 단번에 13엔으로 올라 전국에서 8위가 되었다. 그러나 2년 후 가을, 석유파동에서 비롯된 불황으로 예산감액과 책값 앙등이라는 연타를 맞고 이 실적은 계속 떨어져 현재는 그때처럼 간신히 신간도서 충족률을 유지하는 상황으로, 증액운동이 없었다고 가정하면 더 심각했으리라 생각된다.

말할 것도 없이 도서관에 있어서 그 규모에 상응하는 도서비가 보장되어야 한다는 것은 최소한의 생명선이다. 이 생명선이 주민 서명운동의 결과로 지탱되고 있다는 것은 명기(明記)하지 않으면 안된다고 생각한다. 그러나 이 운동 자체의 성과와 운동과정에서 부차적으로 이루어진 도서관 홍보효과를 생각하면, 이 운동을 통해 도서관이 얼마만큼 주민 속으로 뿌리내렸을까 하는 점에서 아직 의문이 많이 남아 있다. 이런 측면에서 생각하면 이제 하나의 움직임이 우리들의 관심을 끈다. '문고'활동 주부들의 도서관 요구가 그것이다.

'문고'가 생긴 배경

'문고'란 무엇인가? 요약하면 다음과 같이 말할 수 있다. 우선 아이들에게 풍부한 독서환경을 만들어주고 싶어 하는 어머니들의 자발성에 기초하여 생겨났고, 책의 대출, 읽고 듣기를 중심으로 하는 활동이라는 것, 따라서 다루는 도서가 거의 아동서이며 아무래도 도시형 지역에 집중적으로 설립되었다는 것, 아이들을 위해 좋은 도서를 고르려는 열의는 문고를 운영하는 주부들로 하여금 아동서와 아동문학을 학습하도록 했고, 결과적으로 '문고'가 아동만을 위해서가 아니라 그것을 운영하고 있는 어머니들의 학습의욕을 충족시켜주고 있다는 점도 많은 문고에서 공통으로 지적할 수 있는 경향이다.

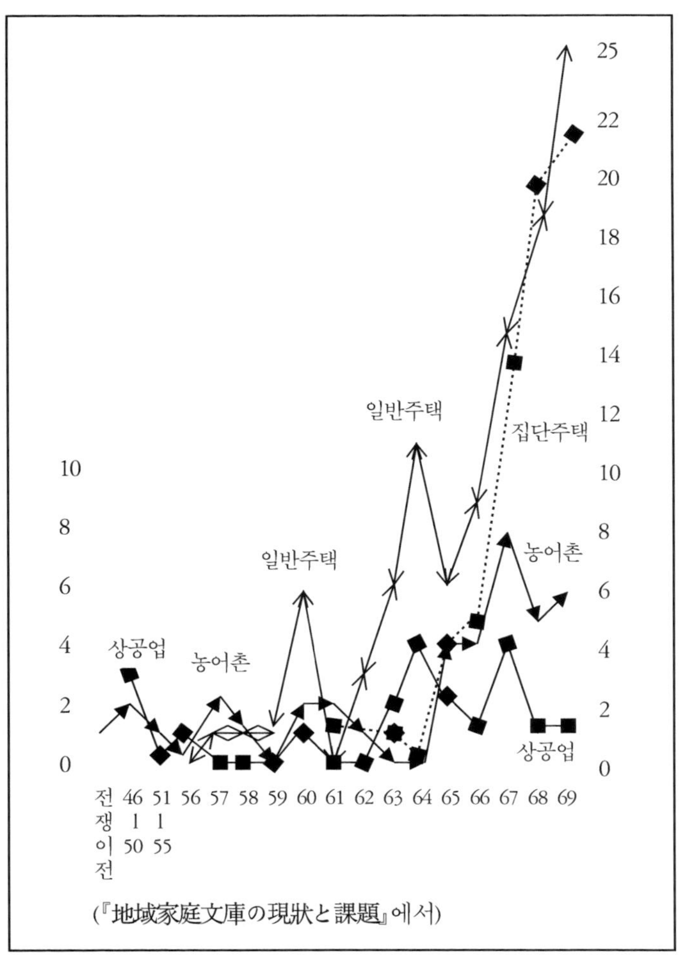

(『地域家庭文庫の現狀と課題』에서)

문고를 창립한 해

지방 \ 창립년	35	46	47	48	49	50	51	52	53	54	55	56	57	58	59	60	61	62	63	64	65	66	67	68	69	70	무기입	계
도호쿠·홋카이도		1				1													1		1	2	1	3	3		1	14
도쿄구부											1	1		1		2				1	2	1	5	6	3	2	1	26
도쿄시부																			2	3	2	2	6	5	8		1	29
가나가와현				1	1												1	4	3	4	2	1	5	10	11	2		45
이외 관동		1				1								1		2	1				3	3	4	11	20		5	51
도카이·고신에쓰													1			1			3	4	2	6	6	5	4		3	35
긴카															1					2	2	1	6	5	2		1	20
쥬고쿠·시코쿠		1		1									1			3		1		1	3	3	7	1	3		3	28
규슈	1				1								1			1	1					1	3	4		1	3	17
합계	1	3		2	2	2			1		1	1	3	2	1	9	3	5	9	15	17	20	43	50	54	5	18	265
5년마다 합계	1	7					*2					16					49					172					18	265

(『地域家庭文庫の現狀と課題』에서)
*1952년의 문고 창립 지방 이름은 불명.

앞에서 1965년을 경계로 현의 각지에 주민운동이 일어났다고 했는데, 문고활동도 1965년을 경계로 전국적으로 일어난 현상이라는 것은 앞의 두 가지 표에 나타내는 대로이다.

이 표는 지바현의 경향을 그대로 나타내고 있다. 지바현 공공도서관협회지에서는 1969년에 단지(團地)문고 조사를 특집으로 다루었는데, 그에 따르면 1965년에 마츠도시 도키와다히치와 야치요시 야치요다이 단지에 문고가 생겼고, 다음해 가시와시 도요시키 문고, 후나바시시 마에바루 어린이문고, 지바시 사쿠사베 도덴 도서관으로 이어지고 이후 계속 증가해 현재는 현립도서관에서 파악하고 있는 것만도 약 50개를 넘는다. 주목해야 할 것은 지금 말한 문고 발생의 역사가 그대로 주민 도서관 설치운동의 계보를 이루고 있다는 것이다. 개인의 자발성에 뿌리를 둔 문고활동이 어째서 도서관 요구로 발전했는가, 왜 그렇게 되었나, 이 질문은 '문고'란 무엇인가를 되묻는 것이나 마찬가지이다. 그전에 왜 1965년대에 들어 도시형 지역에 문고가 집중적으로 생겨났을까를 생각해보았으면 한다.

원인 중 하나는 뭐니뭐니해도 앞에서 말했듯이 일본의 경제, 산업 구조가 고도화되어 가는 과정에서 지역개발이 진행되고 그에 따라 집합주택지가 땅값이 싼 곳에 조성되었다는 것에 있다. 지금까지 산림이나 미개척 벌판이었던 지역이 하루아침에 공단주택과 대규모 분양단지로 변모해 가는 광경은 한때 우리들에게 있어서도 결코 드문 일은 아니었다. 주거를 위한 최저한도의 시설이 어떻든, 이러한 지역에 자리잡고 사는 사람들의 대다수가 전후 민주주의 교육을 받고 자란 20대, 30대 비교적 젊은 어머니들이었다. 이 사람들이 도시라는 이름뿐인 환경에서 살고 아이를 키우면서 우선 무엇을 필요로 했을까. 그것이 문화적·교육적 환경이라는 것은 말할 필요도 없다. 어쩌면 자기교육이나 평생교육이라는 말을 생활 속에서 절실하게 호소한 것은 이들이었음이 틀림없다. '문고'라는 이름의 미니 도서관 활동은 이렇게 해서 생겨났다. 즉 아이들과 함께 스스로 문화적·교육적 환경에서 살기 위한 자위수단이었다고 할 수 있다. 그리고 주부들 사이에서 이러한 수단이 싹튼 것에는 히노 시와 다마 시에서 전개된 '시민의 도서관' 만들기 실천과 이시이 모모코 씨의 저서 『어린이 도서관』의 역할도 간과할 수 없을 것이다.

문고에서 도서관으로

앞에서 언급한 협회지의 문고조사 특집에 가시와시 도요시키 단지에서 '번개 모임'을 주관하고 있는 기요모토 미치코 씨가 문고 활동 체험을 기고했다. 문고활동이 어떤 과정을 통해 도서관 요구로 향하게 되었는가를 이 글은 차분하고 설득력 있게 말하고 있다.

"눈물이 맺힌 눈을 바라보면 우리들까지도 울고 싶어집니다. 50엔 동전을 손에 쥐고서 뛰어들어온 사내아이의 입회신청을 거절했던 것입니다. 매주 같은 광경이 반복됩니다. 1966년 여름 20명 남짓 되는 실무자의 손으로, 거대단지 안에서 균일한 생활을 강요당하고 있는 아이들에게 풍부한 상상력을 가질 수 있도록 어린이 문고를 만드는 준비가 시작되었습니다."

이런 첫머리로 시작되는 기요모토 씨의 글은 60명이었던 회원이 불과 3년 남짓 사이에 870명이 되었고, 게다가 입회를 기다리는 아이들 100명이 더 있다는 것을 전해주고 있다. 입회금을 꼭 쥐고 뛰어오는 아이들을 가입시키고 싶어도 그것이 불가능할 정도로 책이 부족하고 장소가 좁다는 것을 말하면서 기요모토 씨는 이렇게 계속했다.

"이 단지 안에는 학교와 보육소를 빼면 아이들을 위한 시설은 전혀 없습니다. (…) 문고의 경우 어린이들의 모습을 보고 있으면 책을 빌리거나 읽는 것말고도 친구들의 모임장소, 만남의 장소, 열쇠 아동의 대기소, 피난소 등 완전히 아이들 방이라는 것을 알 수 있습니다. (…) 도요시키 단지는 다른 단지와 비교해 부지가 2분의 1 정도로 좁습니다. 이 안에 소학생과 유아만도 5천 명 이상이 꽉 차 있습니다. (…) 주변은 교통이 위험하여 어린아이들은 단지 바깥으로 거의 나갈 수 없습니다."

1969년에 쓴 글이지만, 도시형 지역에 일어나고 있는 도서관 요구의 핵심—문고가 생기고 성장함에 따라 도서관 시설의 확충 요구로 바뀔 수밖에 없었던 경과는 인용부분만 봐도 충분히 알 수 있을 것이다. 교육, 문화면의 자위수단이라는 것은 주부와 아이들의 생활권에서 이용할 도서관이 존재하지 않았다는 것이며, 문고가 도서관 행정의 빈곤을 커버하고 있는 실정을 암묵적으로 기요모토 씨의 글이 전하고 있다. 이를 해결할 방안을 모색하며 사람들이 제기한 요구에는 깊은 뿌리가 있었던 셈이다.

도키와다이라와 도요시키에서 본 운동

문고 관계자들이 자치단체에 호소하여, 자신들의 생활권에 도서관 시설을 실현시킨 예로는 우선 마츠도 시립도서관의 도키와다이라 분관을 들지 않을 수 없을 것이다. 현에서 가장 빨리 문고활동을 일으킨 이 지역의 '아스나로 문고'를 시작으로 4개의 문고는 1969년 단지중앙에 설치한 11층짜리 공단 빌딩 1층을 시가 사용하게 되고, 지청, 병원, 공민관 등의 설계가 나와 있는 것을 알고, 이 지역에 도서관 설치의 필요성을 호소하였다. 그리고 단지 주민으로부터 서명을 받아 청원서를 내, 마침내 시의회가 이것을 채택하는 방식으로 진전시켰다. 운동이 단지주민의 강한 지지를 받게 된 배후에는 시립도서관측의 노력도 크게 작용하고 있었다. 특히 오랜 기간 이곳이 이동도서관 장소로서 실적을 올리고, 시민에게 도서관 서비스를 제공하고 있었던 점은 묵인할 수 없었다. 이렇게 해서 단지주민의 여론으로 생겨난 도키와다이라 분관은 당연히 이용자가 폭발적으로 늘었다.

현의 주민들이 도서관을 요구하는 데에 있어서 이 도키와다이라의 성공사례는, 가까운 이웃 자치단체에서 같은 고민을 안고 있던 문고관계자에게 선구적인 역할을 했다고 해도 과언이 아닐 것이다. 앞에서 인용했던 가시와시의 기요모토 씨 등이 일으킨 가시와 시립도서관 도요시키 분관으로 결실을 본 운동에도 마츠도의 영향이 보인다.

가시와 시립 도요시키 분관은 1974년 10월에, 그때까지 은행 지점이었던 건물을 변경하여 개관하였다. 당초 은행 자리는 소유자의 단지(團地) 서비스사가 건물을 부수고 주차장으로 바꾸려는 계획을 세우고 있었다. 이것을 안 '번개 모임' 사람들은 공단의 의향을 타진해 시청에 도서관을 설치해달라고 진정하기 시작했다. 그러나 길은 좀처럼 열리지 않았고, 자치회 조직 안에서 활동하려고 임원과 교섭을 하여도 처음에는 그 자리를 자치회가 사무실로 사용하려는 생각이 있어, 운동을 궤도에 오르게 하기까지에는 몇 번이나 시행착오를 되풀이했다.

기요모토 씨 일행은 도서관의 필요성을 호소하는 수단으로 폐품회수를 호소하고 찬성하는 사람들이 폐품을 모아 만든 자금으로 전단을 제작하고 단지 주민에게 홍보하는 데 주력하였다. 두 번째 전단을 만들 무렵부터 가시와 시립도서관장과 구체적으로 교섭을 시작하는 한편, 자치회는 이전 자리의 이용방법에 대해서 주민 앙케이트 조사를 실시하였다. 결과는 도서관 설치 희망이 80%(도서관 전용 40%, 반만 도서관 80%)라는 수치였다.

결국 기요모토 씨측의 주장은 이 앙케이트 결과로 지지를 받아 빛을 보게 된 셈이다. 그렇지만 마츠도시의 도키와다이라와 비교하면, 기요모토 씨측 운동에는 보다 많은 어려움이 있었던 것으로 생각된다. 기요모토 씨는 자치회가 그 당시에는 도서관의 필요성을 그다지 인식하지 못했으며, 도로와 하수문제를 우선시하는 시청 직원과 의원들에게 도서관은 사치스럽다는 생각이 뿌리깊었다는 것을 지적했다.

이 도요시키 단지의 문제가 된 건물에는 현립도서관 이동도서관 차 히카리 호가 1966년부터 1973년까지 스테이션을 설치하여 이동도서관 서비스를 실시해왔다. 가시와 시립도서관에 기보우 호가 생겨 서비스를 계속했는데 시립으로 이관된 후부터 이용자가 증가하게 되었다. 마츠도 시립도서관의 미도리 호가 치밀하고 섬세한 서비스로 도서관 여론을 형성하고 있던 무렵에 이 지역의 히카리 호 서비스가 철저하지 못했다는 것도 기요모토 씨측의 운동을 어렵게 한 하나의 원인으로 생각된다.

기요모토 씨는 운동의 체험으로 자치단체 안에서는 행정담당자가 강하고 도서관의 힘이 약하다는 것을 거듭 지적하고, 도서관이 진실로 주민의 것이 되기 위해서는 도서관을 지지하는 PTA와 같은 존재가 필요하고, 이런 조직에 의해 도서관은 주민이 바라는 도서관으로 커갈 수 있는 것이 아닌가라고 말하고 있다.

도서관은 표적을 빗나가고 있지 않았나

마츠도와 가시와에 일어난 도서관 설치운동의 윤곽을 소개했다. 둘 다 문고 관계자들의 강력한 요구에서 일어났다는 것은 살펴본 대로지만, 한편으로는 그러한 요구를 가능하게 한 전제조건이 그 지역에 있었던 것도 사실이다. 그 좋은 기회를 문고 관계자들이 놓치지 않은 셈이다. 그런 의미에서 이 운동은 무에서 쌓아올린 것이라고는 말할 수 없다. 자치단체측에 장기계획이 있었고, 그 일환으로 사회교육시설 건설이 있었고, 이들이 잘 맞을 수 있었기 때문에 운동에 길이 열렸다는 측면도 있었을 것이다. 그러나 만약 이런 운동이 없었다면 현재와 같은 도서관 시설이 실현되었을까? 오히려 공민관과 자치회 사무소, 주차장 시설로 변해 있을 가능성이 훨씬 컸을 것이라는 인상을 받았다.

지바 현의 전후(戰後) 도서관 활동은 현립 이동도서관 히카리호로 시작되었다. 북모빌로 도서대출을 하고 독서회를 육성하고 현 산하에서 독서보급 활동을 전개한 것 두 가지로 도서관 활동을 요약할 수 있다. 결국 이 두 가지 운동은 도서관에 대한 주민의 요구를 알아내어 각각의 생활권에 하나라도 많은 도서관을 만들기 위한 수단이었던 셈이다. 현재 시·정립도서관이 각지에 생기고, 이동도서관은 시·정립의 유력한 서비스 수단이 되어 밀도 높은 서비스를 전개하도록 되어 있다. 또 개인에 대한 직접서비스는 시립도서관이 많은 것을 책임지고, 현립은 다른 독자적인 기능을 현 주민에게 이행해야 한다는 인식도 해가 다르게 깊어지고 있다.

그러나 직접 서비스가 현에서 시 도서관으로 이동되었다고 해도 거기에서 행해지고 있는 것은 여전히 시민 한 사람 한 사람에게 보다 가까운 곳에 하나라도 많은 도서관을 만들기 위한 포석이기 때문에 공공도서관은 이러한 네트워크 구축을 반영구적으로 하지 않으면 안된다. 그 정도로 시민·현민에게 도서관 수는 적다. 어디를 가더라도 초·중학생이 도보로 다닐 수 있는 학교가 있다는 것과 도서관 수를 비교해본다면 누구나 확실히 알 수 있을 것이다.

이와 같은 도서관의 실천에서 본다면 '문고'가 생기고, 도서관 요구운동을 전개한 것은 우리들과 같은 방향을 목표로 하는 강력한 자원봉사자가 각지에서 탄생하고 있다는 것과 같다. 오히려 이러한 운동이 일어나야만 하는 상황을 지극히 소수의 도서관을 제외하고는 도서관계가 일찍 인식하지 못했기 때문에, 그 이후 문고측이 급속히 제기해온 요구에 대해 도서관계가 항상 받아들이는 태도밖에 취할 수 없었던 원인이 숨어 있다. 요구가 높아졌을 때에는 일부 직원의 열의나 관장 한사람의 노력으로는 해결될 수 없는 문제가 되어, 결과적으로 문고활동을 하는 사람들에게 현저한 불만과 불신감을 안겨준 경우도 적지 않았던 것 같다. 또 이러한 도서관 만들기 운동이, 그때까지 여러 해에 걸쳐 힘을 쏟아 왔던 독서회와 독서보급 활동측에서 생겨난 것도 아니고, 또 몇 개의 도서관이 모여 신문사와 제휴하여 구성한 큰 조직의 북클럽에서 일어난 것도 아니었다. 명확히 도서관측의 표적을 벗어난 방향에서 생겨났다는 것도 우리들에게 깊은 반성을 하게 한다. 문고활동을 어떻게 평가하고, 운영 속에 어떻게 자리매김할 것인가 그것은 도서관측에게 주어져 있으며 그 해결방안을 시급히 모색해야 할 문제이다.

시장실을 방문하다

나는 도서관 만들기와 관련하여 당면한 문제를 검토하고 그것을 자료로 작성하였다. 그것을 가지고 시장실로 갔다. 교육장, 사회교육과장이 동석하였고, 시장 외에 가네가와 보좌관이 두꺼운 자료더미를 자세히 살펴보며 설명에 귀를 기울였다.

설계도면 변경에 대해서는, 우라야스의 특징으로 아동봉사가 큰 비중을 차지해야 한다는 점을 강조했다. 다음 설명에 나올 인원요구를 위한 포석이었다.

중앙도서관, 호리에 공민관, 도미오카 공민관 등 건설 계획은 제각각이지만, 도서관 시설에 국한해서 살펴보면, 우라야스 시의 도서관망은 다음과 같은 순서로 정비된다.

1982년 5월　　호리에 분관(호리에 공민관 내 도서실이 분관이

	된다)
〃	현 도서관 수리를 위한 휴관
1982년 8월	현 도서관이 분관기능 수행시설로 개관
1982년 11월	중앙도서관 완성, 이사, 개관 준비
1983년 3월(경)	중앙도서관 개관
1983년 5월(경)	도미오카 분관 개관
1986-1987년(경)	미하마 분관 개관

이러한 시설이 정비되면 다음 그림에서 보는 것처럼 인구거주지 내 95%의 사람이 반경 1km 이내에 도서관 시설을 가지게 되는데, 이와 같이 밀도 높은 봉사망을 갖춘 자치단체는 전국적으로 보아도 매우 드물다. 전국에서 주목받을 것이다. 또 이용상황도 전국 유수의 도서관이 되리라는 것은 대체로 확실하다.

"기쁜 일을 말해주었네요."

그때까지 아무 말 없이 이야기를 듣던 가네가와 보좌관이 얼굴에 미소를 머금었다. 직원들에게 힘이 된 것은 이 웃는 얼굴이었다.

그러나 중앙관이 생길 때까지는 아직 2년 가까운 세월이 남아 있었고, 개관한다고 해도 미하마 분관이 생기기까지는 더욱이 그때부터 3년 정도는 걸린다. 현의 시립도서관에서 가장 큰 훌륭한 도서관이 탄생한다 해도 너무 멀어서 이용할 수 없다는 말들이 반드시 나올 것이다. 이를 미연에 방지하기 위해서는 조잡하더라도 시 전체의 네트워크를 우선 이동도서관으로 만들어두는 방법이 행정효과도 높이게 될 것이다.

그렇게 하기 위해서는 무엇보다도 사람과 책이 필요하다. 아래의 자료를 제시하면서, 현재 이동도서관과 사람을 뽑아 도서관에서 활용한다면 어떻게 되는지, 또 대형화를 시도하면 어떻게 변

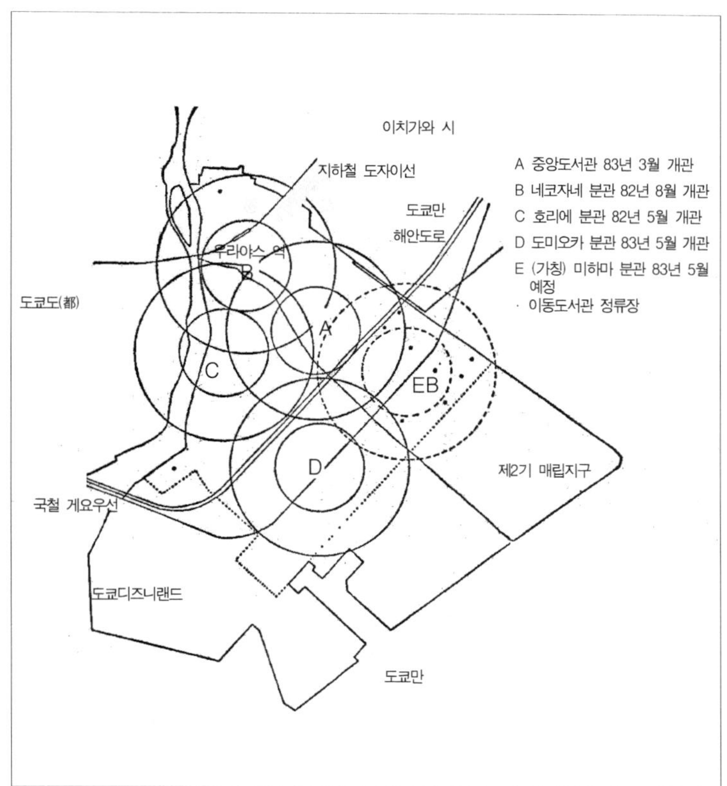

화되는가를 설명했다.

여덟 개 자치회에서 나온 스테이션 설치요망은 현 상황에서는 아무래도 무리다. 현에서 무리해서 연말까지라고 기한을 정해 책을 빌려서 응급조치는 했다. 보정(補正)예산으로 이동도서관과 책을 구입해서 신년도를 준비해야 한다는 것을 강조했다. 빌린 것이 제적당하기 직전의 낡은 책이라는 사실은 말하지 않았다.

이동도서관을 운행하기 위해서는 적어도 사서 2명이 필요했다. 그리고 서무계 1명. 가장 필요한 인원은 10년 이상 아동봉사

◎ BM(자동차문고)을 도서관으로 이관(移管) 및 대형화 도모의 필요성에 대해서

(1) 이관·대형화를 위한 조건정비

(가) 6월 1일부 남자 사서직원 2명 채용

(나) 1982년 4월 1일 BM담당직원을 3명으로 한다.

(다) 6월 1일 현재 '와카쿠사' 호 도서관으로

(라) 1982년 4월 BM차의 대형화를 도모한다.

(2) 이관·대형화의 효과(아래 표)

현 실태	현 '와카쿠사' 호 전임사서에 의한 운행(가)(다)	대형화를 실현한 경우(나)(라)
① 도서의 내용에 대한 질문에 대답할 수 없다.	사서에 의한 운행, 승무로 해결	좌동
② 이용자가 도서를 선택할 수 있는 폭이 너무 좁다. 4백 권 대출이 있는 스테이션에서는 2책 중 1책을 고르게 된다.	800권 적재인 현 '와카쿠사' 호로는 해결 불가능	도서선택폭은 최저 5배 이상 된다. 2천5백~3천책 적재.
③ 1인 1책 대출제한에 대한 불만이 있다.	현재의 적재량, 장서수, 대출방식으로는 해결 불가능	1인 5책. 단, 단말기를 탑재한다.
④ 리퀘스트, 예약 서비스 등에 대응할 수 없다.	약간은 달성할 수 있다.	충분한 서비스 가능
⑤ 적재도서 구성상의 배려를 할 수 없다.	절대량에서 오는 한계는 있지만 약간 달성할 수 있다.	미니도서관으로 장서구성을 할 수 있다.
⑥ 비가 올 경우 순회연기일이 정확하지 않기 때문에 이용자가 순회일을 파악할 수 없다. → PR부족이라는 불만이 나온다.	격주 순회로 하고, 비가 올 경우는 순회를 중지하는 것으로 하고, 순회일을 철저히 알릴 수 있다.	좌동
⑦ 직원이 교대로 출동하기 때문에 이용자의 실정을 파악할 수 없어 서비스가 철저하지 못하다.	해소	좌동
⑧ 대출과 사후처리자가 다르기 때문에 사무 혼란이 생긴다.	전임자가 일관되게 맡으면 해소	좌동
⑨ BM차의 청소가 충분할 수 없다.	해소	좌동
⑩ 현 6개 스테이션 외에 8개 자치회의 스테이션 설치신청에 대응할 수 없다. 중앙관 이용권역에서 벗어난 주민 및 분관설치가 늦어진 지역 주민 요망에 대응할 수 없다.	적재량, 장서수, 담당 2명으로는 대응할 수 없다.	14개 스테이션 격주 순회 유지 가능. 중앙관 신설 이전에 BM의 대형화를 도모하여 시내 전역에 서비스망을 확립해두는 것은 행정적 효과가 크다고 생각할 수 있다.
⑪ 전산 대출 시스템에 대응할 수 없다.	좌동	단말기 탑재 가능. 차 내에서 대출업무 가능.

경험이 있는 직원이었다. 이 직원은 나와 함께 도서관의 기초를 다지는 일에도 필요하다. 또 직원을 지도하여 양성하는 입장이어야 한다. 따라서 시의 연령제한에 예외를 두어 채용을 생각하면 좋겠고, 직급을 봉사계장으로 하여 맞아들이고 싶었던 것이다.

제1기 직원의 충원요청은 4명이었다. 이것이 실현된다 해도 일이 많이 밀려 있어 결정적으로 시간이 부족했다.

이동도서관을 위한 1만 권, 1,500만 엔의 자료비가 보정예산으로 지원된다면, 총 자료비는 6,300만 엔이다. 서무계를 제외하고 겨우 6명으로 연도 내에 자료를 선정하여 이 금액을 사용해야 하는 것이다. 책 구입을 어떤 방법으로 할 것인가? 지역서점과의 교섭도 서둘러야 했고, 구입한 책을 1년 이상 보관할 장소도 큰 문제였다. 호리에 분관의 개관 준비도 겹친다. 비품구입 교섭도 시작해야 했고, 낡은 현 도서관의 수리계획도 잡아야 했다. 그리고 전산화 검토는 도서구입이나 구입한 도서장비와 미묘하게 서로 관련되어 있었다. 시시각각으로 바뀌어가는 전모를 언제라도 파악하여 상사에게 설명할 수 있도록 한 자료, 타임스케줄표가 이제는 필요하였다. 그것을 이다 씨에게 만들도록 해야겠다고 생각했다.

시장, 보좌관에게 설명하는 데는 2시간 가까이 걸렸다. 시장은 시종 정성껏 자료를 살펴보았고 설명에 주의깊게 귀를 기울이고 있었다.

시간이 부족했다. "좀더 빨리 우라야스에 왔더라면……." 생각 없이 뱉은 말은 일찍부터 전문직 관장인재를 각 방면에 채용하려고 고생해온 교육장에게는 실례되는 말일지도 모르지만 나와버린 말은 지울 수 없었다. 내 말에 시장은 웃는 얼굴로 답했다. 그 웃는 얼굴을 본 순간, 인원요구를 시작으로 한 요구가 통할 것 같다는 직감이 들었다. 확실한 근거가 있는 것은 아니었지만 그런 느낌이 다가왔다. 우리들이 자료작성에 시간을 투자한 것이 쓸모

없는 것은 아니었다고 도서관으로 돌아가면 이다 씨에게 전해야겠다고 생각했다.

책을 구입하기에 앞서, 시내 서점주를 모아 설명회를 열었다. 지금까지 시립도서관의 구입방법은 정가에서 5% 할인된 가격으로 납품받는 것이었지만, 그것을 바꾸려는 것이 도서관의 생각이었다.

구입 전제조건으로는 한 서점을 대상으로 하는 것이 아니라 전 서점이 참가하여 협동조합을 조직하고, 이 조합은 법인등록 등 수주체제를 신속히 갖출 것, 구입은 정가대로 하지만 도서관에서 정한 일체의 구비를 갖추어 납품할 것 등이었다. 요약하자면 할인은 하지 않아도 좋으니 도서관에서 바로 사용할 수 있도록 책을 구비하여 납품해달라는 것이었다. 말하자면 외주장비를 정가구입으로 하려는 생각이었다. 지금 많은 도서관이 채택하고 있는 도서정리 노동력 감축방법이었다. 도서관 장비에 대한 노하우를 가지고 있는 지역조합이 적기 때문에 일판(日販)이며 동판(東販)의 하청회사가 그것을 마진으로 하고 서점조합에 납품한다. 그렇기 때문에 실제로 조합은 수주와 납품 대행처로 우선 지불을 대행하는 것이 그 역할이다. 이런 방법을 채택한 이유는, 첫째 지역서적업자를 조금이라도 보호하려는 것이 도서관측의 생각이었다. 도서관에서 풍부한 신간도서를 갖추어 대출을 하면 작은 마을에서는 우선 서점경영에 영향을 주기 때문에 그것을 어떤 방법으로든 보충할 필요가 있었다. 일판과 동판에서도 그 사정을 이해하여 지역협동조합 수주체제를 깨지 않고 마진의 몇 할을 주는 시스템을 정착시키려고 하고 있었다.

그 방법은 도서관으로서도 가문 하늘의 단비라고 할 수 있었다. 7명의 직원으로 6만 권 이상이나 되는 구입도서를 장비한다는 것은 애초부터 불가능하며, 장비만을 별도로 외주하면 그것만으로도 2천만 엔 이상이 지출되기 때문이다. 개관까지의 준비가 별탈없이 진행될 것인가 아닌가는 서점의 협력 여부와도 관련이 있었다.

설명회 결과 우라야스에도 새롭게 서점협동조합이 결성되었다. 또 구입한 책을 개관할 때까지 보관하는 장소로는 도서관에서 가까운 우라야스 소학교의 빈 교실이 결정되었는데, 그 책들은 조합의 책임으로 화재보험도 들어 있어 만일의 경우에 대비해두는 것도 양해받았다.

7인의 사무라이—동료 모집

시장에게 설명을 마치고 곧 4명의 인재 찾기가 시작되었다.

서무담당 직원은 교육위원회 내에서 생각해보기로 하여, 사회교육과 주사인 히라가와 세이코 씨가 6월 1일부터 도서관 소속이 되기로 결정되었다.

대졸, 4년 경력의 중견직원이었다. 사람을 압박할 듯한 거구였지만, 성실하고 어딘가 어른이 되는 것을 잊어버린 것 같은 사랑스러움이 있었다. 일을 시작하면 철저하게 몰두하여 다른 것에 아랑곳하지 않지만, 거구가 가진 마력은 굉장해서 사무적인 일은 척척 처리하였다. 신년도인 1982년 도서관 예산규모가 커질 것을 예측하고 부임 초기부터 가까운 이웃 도서관 예산서를 가져와서 도서관 업무에 대해 이해하려고 한 것이나 새해 예산편성에 참고로 한 것은 그의 탁견이었다.

이동도서관을 담당할 두 명의 사서는 찾지 못했다. 자동차도서관을 운영하면서 개관 준비에도 적당한 남자직원은 연도 도중에는 좀처럼 적임자가 나오지 않는다. 다시 현립도서관에 의지했다. 현립도서관에서는 전해에 두 명의 결원보충이 있어서 최종선발에 올랐던 7, 8명 중에서 뽑았는데, 최종선발까지 갔으나 탈락한 능력 있는 몇몇 사서의 이력서를 아직 가지고 있다는 이유에서였다. 나와 상담을 한 후지가와 부관장이 면접 기억을 되살려 영예를 거머쥔 사람은 후쿠시마 출신으로 고마자와 대에서 사서 자격을 취득한 사이토 도모니 씨와 무코지마에서 자라고 법정대학 야간학부를 졸업한 혼다 미츠아키 씨였다. 하지만 선발시기로부터 1년 이상이 경과했다. 지금 그들이 어떤 직장에 있을까, 도서관에서 일하고 싶다는 생각에 변화가 없을까 등은 만나보지 않으면 알 수 없는 일이었다.

사이토 씨의 고향으로 전화를 걸어 어머니로부터 이사한 집의 연락처를 알아내어 연락을 취했다. 어머니의 전화 음성은 지금도 기억하고 있다. 이 어머니에게 자란 사람이라면 괜찮을 것 같다는 인상을 받았기 때문이다. 간다의 작은 상사에서 경리업무를 보고 있었다. 혼다 씨는 사이다마의 사립대 도서관에 취직해 있었기 때문에 곧 연락이 가능했다.

난데없는 전화를 받은 두 사람의 반응이 이상했다. 뭐가 뭔지 모르겠다는 반응을 하고 있었지만, 전화통화를 하면서 두 사람 모두가 "어쩌지?"를 연발했기 때문이었다. 어쨌든 마음이 있다면 우라야스 도서관을 방문해주면 좋겠다고, 밤늦게라도 상관없다고 나는 말했다.

이렇게 해서 이동도서관을 담당할 두 명의 채용은 구체적인 곳까지 도달했다. 남은 것은 최대문제인 아동봉사를 담당할 직원이었다.

나는 현립도서관에서 오래 아동실을 담당하고 있던 사서인 아라이 도쿠코 씨에게 직원선발을 의뢰했다. 아라이 씨는 아동도서관 직원으로서는 도서관계에 이름이 널리 알려진 사람으로, 그 분야에서는 다양한 경력과 실력을 가진 베테랑이었다. 일본 문고활동의 시초였던 이시이 모모코 씨의 '가츠라 문고' 운영을 함께했던 일은 이와나미신서 『어린이 도서관』(石井桃子 지음)에 쓰츠미 도쿠코로 등장한 것으로도 알려져 있었다.

아라이 씨는 두 명의 여직원을 소개해주었다. 둘 다 10년의 경력을 가진 아동도서관원이었다. 한 사람은 도자이 선 근처에 사는 사람으로, 우라야스에 가깝다는 것이 추천이유였다. 그리고 또 한 사람은 도쿄 다마츠에 있는 하무라에서 정립도서관 개설에 종사한 적이 있는 직원이었다. 매우 능력 있는 직원이었지만, 그 때문에 관장과 잘 맞지 않아 현재는 학교 교육과에 적을 두고 있다고 했다. 인재이기 때문에 지금 그대로는 아깝고 본인은 공공도서관에 돌아오고 싶은 의향이 있지만, 성격이 과격한 사람이라서 두 사람이 (두 사람이라고 하는 것은 나와의 일이다) 잘해나간다면 그 이상의 힘은 없을 테지만, 그렇지 않을 경우도 우려된다고 아라이 씨는 말했다.

아라이 씨와 친한 아동문학가인 마츠오카 쿄코 씨를 통해 사람을 뽑는 방법도 알았다. 성격이 과격한 것으로 말한다면 나도 질 사람은 아니었다. 나는 망설임없이 후자를 뽑았다. 능력 있는 사람이라면 타협 정도는 얼마든지 해나갈 수 있는 문제라고 생각했기 때문이다. 나는 아라이 씨로부터 이력서를 받았다. 30세, 독신. 에히메 현 오미시마 출신으로 릿쇼 대학 문학부 졸업, 사서, 1973년, 하무라 정립도서관에 들어감. 그것이 스가 마유미라는 사람의 경력이었다.

사정이 있어 스가 씨를 하무라와 우라야스의 중간 신주쿠에서 만나게 되었다. 나는 우라야스에 어떤 도서관을 세우는지를 가지고 있던 자료를 펼치며 그 여성에게 이야기했다. 아동봉사 성공 여부가 우라야스 시립도서관의 운명을 결정하게 될 것이라고도 말했다. 마음 깊은 곳에서 무엇인가에 불이 붙어 소리없이 번져가는 듯한 잔잔한 감동이 상대의 내부에 일어나고 있는 것을 나는 느꼈다. 나의 이야기를 듣는 그녀의 태도에서 자신감과 신중함이 느껴졌다. 이 사람이면 충분하다고 나는 직감했다.

나중에 그녀한테서 들은 이야기지만, 왜 하필 우라야스에 가느냐는 질문을 받고 맞선에 성공했기 때문이라고 농담을 하였더니, 그것이 동료들 사이에 어느새 스가 씨가 시집갈 것 같다는 소문으로 퍼졌다고 한다.

스가 씨는 하무라에서의 경험으로 지방행정의 구조며 의원에 대한 대응방법을 잘 알고 있었다. 작은 도서관을 개설하여 그곳을 활성화시켜온 사람인데도 전문아동봉사뿐 아니라 도서관 업무 전반에 대해서 깊은 지식과 경험을 갖추고 있었다.

좋은 사람을 얻었다. 마츠오카 쿄코 씨와 아라이 씨의 사람 보는 능력이 역시 보통이 아니라는 것을 나는 새삼스럽게 느꼈다.

이렇게 해서 도서관에는 7명의 직원이 갖추어졌다. 1981년 8월의 일이었다. 이 7명이 낡은 도서관 2층에서 땀범벅이 되어 완성해간 업무량은 상식으로는 도저히 생각할 수 없을 정도였다. 작지만 하나의 도서관과 이동도서관을 운영하면서 중앙관, 호리에 분관 개설 준비, 수서, 전산 도입, 조례규칙 작성 등에 손을 댔던 것이다. 용케도 해냈다고 지금에야 생각한다.

거기에다 또 집회사업에 손을 대려고 하던 나에게 스가 씨가 이의를 제기한 것은 당연한 일이었다. 그러나 내 생각은 달랐다. 우라야스에는 아직 진정한 도서관이 없다. 지금 여기까지라고 팔을 펼친 범위가 우라야스의 도서관 영역이 된다. 그렇기 때문에 지금은 한껏 벌릴 수 있는 만큼 팔을 벌려두어야 한다. 그것이 내 생각이었다. 그리고 도서관이 실시하는 집회사업은 기획력만 있으면, 그 홍보효과만큼은 노력을 필요로 하지 않는다는 것을 현립도서관에서의 경험으로 나는 잘 알고 있었던 것이다.

1981년 이 7명으로 지내던 전국(戰國)시대와 같은 시기를 그 후에 들어온 사람들은 '7인의 사무라이' 시대라고 다소 부러워하듯 말할 때가 있다. 힘든 일이라도 지나고 나면 뭐랄까 즐거운 기억으로 변하는 것은 우리들의 기억이 하나의 여과장치를 가지고 있기 때문임에 틀림없다. 어둠침침하고 비가 새는 2층에서 지낸 그 시기는 서로에게 가장 잊을 수 없는 기억이며, 새로 온 사람들이 그것을 공유할 수 없어 아쉬움을 느끼는 것도 충분히 이해가 갔다.

'7인의 사무라이' 시대는 자주 말했던 것이다. 그렇다면 확실히 호되게 한결같이 일에만 몰두했던 스가 씨 등은 미야구치 세이지가 연기했던 그 사무라이, 규조와 많이 닮아 있다. 그를 사모하고 경외했던 기무라 이사오가 맡았던 가츠시로와 같은 청년들이 도서관에 있는 것까지 딱 들어맞는다. 그렇다면 나는 시무라 다카시가 연기했던 간베이가 되지만 나는 그 정도의 지략가는 아니고, 생동적인 면과 약간의 무모함은 긴 칼을 장대처럼 들고 몇 번이나 내쫓겨도 6인의 사무라이 뒤를 따르고 있던 기쿠치요가 아닐까라고 스스로 생각한다.

그 후 1982년 초에 8명, 중앙관 완성 후 9명의 직원을 더 채용하여, 애초에 요구한 24명이 전부 채워졌다. 24명 중 사서자격이 있는 사람이 나를 포함해 18명이라는 것은 커다란 의미가 있다.

어느 자치단체에서도 직원채용에 대한 도서관장의 권한은 거의 없기 때문에 엄밀히 말하면 앞에서 말했던 것처럼 사람을 찾는 것과 면접은 비공식적인 것이며 월권행위이다. 그럼에도 불구하고 추천한 사서가 거의 대부분 채용된 것은 물론 필기시험과 면접에서 그들의 능력을 인정받은 것은 틀림없지만, 이례적인 것이라 해도 좋은 것은 아닐까 생각한다.

공립도서관에서 일하기 위한 문은 아주 좁고, 거기에 덧붙여 행정개혁, 인원억제라는 국가방침은 다양한 형태로 자치단체를 압박하고 있다. 따라서 도서관 등에 전문직을 배치하는 것은 점점 더 어려워지고 있다. 이것은 전문직원을 필요로 하는 사람들의 이용상황과 확실히 반대방향을 나타내고 있는 것이다.

공공도서관에서 일하고 싶어도 할 수 없었던 사서를 우라야스 도서관에서는 채용할 수 있었다. 개관 직후의 격무를 극복하며 개관한 지 얼마 안되었음에도 불구하고 대출 이외에 상당히 질 높은 서비스를 할 수 있었던 것은 의욕적인 전문직 채용이 가능했던 덕분이다. 인사담당자가 도서관을 위해 베풀어준 배려를 나는 잊을 수 없다.

7인의 사무라이 대열에 합세한 사람들에 대해서도 하고 싶은 말은 많지만, 여기서 상세하게 말할 필요는 없다. 단지 1982년도에 주사보로 들어온 젊은 5명의 직원이 갑자기 토해낸 "그만둘 작정을 했었다"는 말은 당시 그들의 기분을 전부 나타내주고 있다. 전날까지 고등학생이었던 그들이 자기의 책상조차 없는 어두운 방이 직장이라는 것을 알았을 때의 놀라움은, 내가 도서관을 처음 방문했을 때의 기분으로 미루어 쉽게 짐작할 수 있다. 일요일이 휴일이 아니라는 것을 알고(공립도서관 대부분은 월요일을 휴일로 하고 있다) 눈앞이 캄캄해졌다던 그들이 여러 해가 지난 현재, 직장환경에 익숙해지고 도서관 일이 재미있어져 제각기 훌륭하게 일처리를 하게 되었다. 야간 단기대학에 다녀 사서자격을 취득한 나카자와 씨의 예를 본받으려는 직원도 나왔다. 나는 인간의 변화를 감동 없이는 볼 수 없었다.

최후의 9명 중에서 채용이 된 도코요다료 씨에 대해서만은 좀 상세히 이야기하자. 우수한 녀석이 있다고 그를 소개해온 것은 기미츠 시에서 이동도서관을 운영하고 있는 다노 마사토 씨였다.

다노 씨는 도쿄대 교육학부를 8년 만에 나온 사람으로 (본인이 말하기로는 럭비를 지나치게 해서라고 하지만 사실은 아무도 모른다) 불쑥 아무런 연고도 없는 기미츠 시에 시험을 보러 와서 이 지역 사람이 된 사람이다. 원래 집은 도쿄 이타바 시이다. 기미츠에서 라이온즈 클럽의 사람들을 일으켜 이동도서관 차를 만들게 하고, 시립도서관을 만드는 발판이 되게 하려고 동료인 거인, 야마구치 히로유키 씨와 함께 열심히 이동도서관 핸들을 잡아온 사람이다.

조금 몸을 움직이면, 여기가 아프다 저기가 아프다고 하는 허약체질 사람들과는 아예 다르다. 럭비로 단련한 듯한 거구로 10년 가까이 이동도서관을 유지하고 있는 것이다. 이 두 사람을 가리켜 '기미츠방' 이라고 부른 것은 현립도서관에 나와 동기로 채용되어 그 후 나라시노 시립도서관으로 옮겨 봉사계장을 하고 있는 이소노 다케시 씨였다. 강풍이 불면 접혀질 것처럼 마른 이소노 씨가 얼마나 선망했을까.

도코요다 씨는 다노 씨 추천으로 우라야스의 낡은 도서관을 방문했다. 공공도서관에서 일하고 싶은 마음을 억누를 수 없어, 3년간 일한 주식회사 덴쇼도우을 사직하고 있었다. 32세로 이미 아내가 있는 그는 여러 해 동안 도쿄 도내 몇 군데인가의 구립도서관 아르바이트 직원으로 전전하고 있었다. 연령제한으로 이미 정규직원이 되는 길은 막혀버렸지만, 그래도 도서관 아닌 다른 곳에서 일할 마음은 없다고 그는 말했다. 평생 아르바이트 직원으로라도 좋다면서 조금도 비장함을 보이지 않고 오히려 밝게 이야기하는 것이었다. 도쿄뿐 아니라 어느 자치단체를 방문해도 이야기가 잘 진행되다가 결국은 연령이 걸려 채용이 되지 않았다. 아주 최근에도 도서관 준비실이 생긴 소데가우라에서 비슷한 쓴맛을 경험했다고 한다. 우라야스에 대해서도 아주 작은 가능성을 볼 뿐이라는 인상이 그의 말투에 배어 있었다.

나는 도코요다 씨의 이야기에서 나의 과거와 매우 유사하다는 것을 느꼈다. 30세를 한 달 정도 남기고 현립도서관에 취직한 나도 거기에 정착하기 위해 몇 번이나 좌절했던 기억이 있었기 때문이다.

가능하다면, 이라고 나는 생각하기 시작했다. 다노 씨뿐만은 아니었다. 그의 능력과 사람 됨됨이를 인정하는 사람은 많았고, 공공도서관계에 큰 업적을 남겼던 교바 시 구립도서관장인 시미즈 쇼우죠 선생에게서도 그에 대한 전화를 받았다.

"나이 문제라면……" 나는 어느 정도 정색을 하며 말을 이었다. "하고 싶은 일을 하는 게 좋지요. 돌아서 간 만큼 반드시 능력이 있을 것이기 때문에 그것을 믿으면 됩니다."

"또 놀러와도 좋을까요"라고 말하는 그에게 나는 지바 현 도서관협회지를 건넸다. 나는 거기에 도서관 직원이 될 때까지 방황하며 괴로워했던 경험을 게재했기 때문이었다.

두 가지 만남

10년도 더 지난 일이다.

2월도 끝나갈 무렵 도쿄가 폭설에 파묻힌 때가 있었다. 너무 많은 눈이 내려 지바에 살고 있는 사람들에게도 많은 영향이 있었겠만, 나에게는 그 날이 마침 도서관 단대별과 입시 첫날이었다. 그래서 그 폭설은 지금까지도 내게 강한 인상을 남기고 있다.

눈이 내리기 시작한 때는 분명히 봄눈을 떠올릴 정도였다. 풀솜을 잘게 찢은 듯한 눈이 춤을 추며 내려 쌓이고 그다지 춥지도 않았다. 나는 현관을 나가 하늘을 우러르며 입안에 눈송이를 머금었고 이렇다할 대비도 하지 않은 채 만원 전철에 섞여들었다.

눈은 그 후 본격적으로 내렸다. 자잘한 눈이, 차창에 막을 이루면서 내리고, 주위 풍경은 순식간에 설경으로 변했다. 눈 때문에 사물의 음영이 강조되어 갑자기 바깥세상의 윤곽이 또렷해지면서 내 앞에 펼쳐졌다. 나는 눈이 내리면 언제나 조금 흥분하게 되는데, 그때도 아침의 혼잡한 전철 속에서 시시각각 변해가는 바깥풍경을, 묘하게 흥분된 기분으로 바라보았다.

그날 시험이 이제부터의 인생에 갈림길이 될 것이라 생각하니 흥분되었다. 그 즈음 나는 한결같이 나 자신의 실재라는 것을 생각하며 살고 있었다. 갑작스럽게 내린 눈은 시험날이기도 했지만 그러하던 나 자신에게 미묘하게 작용했던 것이 틀림없다.

30세에 가까워 몇 번의 우회 끝에 결국 겨우 그 봄, 대학을 나오게 되었다. 그러나 그때까지의 외도 중 나 자신이 근면한 사람, 이른바 회사원으로서 무사히 살아갈 사람이 아니라는 것은 너무나 잘 알고 있었다. '경제적 동물'이라는 말은 훨씬 후에 생겨 사람들의 입에 오르내리고 있지만, 그 의미하는 바는 언어 이전에 사회에 존재하고 있었다는 것을 나는 몸소 체험하고 있었다. 하나의 기계 혹은 동물이 될 것인가, 일하는 것을 전제로 사회가 요구한다는 점, 자신이란 무엇일까를 생각하기 시작한 나는 알아차려 버렸다. '몸 바쳐' 일하는 것은 좋다. 그러나 몸을 바치는 대상으로 의미 있는 세계를 선택하고 싶다. 그것이 소박한 나의 논리였다. 힘도 없으나 그렇다고 작은 소망은 버리지 않는 자신에게 가능한 일을 찾아보았으나 사회는 기회조차 주지 않았다.

'학문'에 대해 몹시 골똘히 생각했다. 지적인 것을 다루면서 자신을 살릴 길은 없다는 식으로 외곬으로 생각하고 있었다. 지금이라면 조금 다른 시각으로 보겠지만 그때에는 그것이 나를 위한 것이라고 생각하여, 곤란한 처지에 이르더라도 마음에 내키지 않는 취직은 하지 않을 것이라고 마음먹었다. 나는 학교에 온 취직

건 중 어느 하나도 고르려 하지 않았다. 대학원에 진학할까, 국립도서관 단대의 특별양성과정에 들어갈까. 그 두 갈래 길밖에 생각하지 않았다. 그리고 둘 다 합격된다는 보장이 없었기 때문에 정말 당시의 나는 살얼음판 위를 걷고 있었던 것이다.

다른 진로를 생각하지 않았기 때문에 도서관 단대 별과 입시 수속은 무척 빠르게 끝냈다. 나는 창구가 열리기를 기다려 원서를 제출했다. 수험번호는 물론 1번이었으나 그것을 좋은 징조로 여길 마음의 여유조차 없었다.

아키하바라를 지날 즈음 전철 진행이 이상해지기 시작했다. 쌓인 눈 때문이었다. 역마다 정차시간이 이상하게 길어지고 차내 방송도 이상했다. 9시 30분까지는 아직 1시간 이상이나 여유가 있었기 때문에 나의 불안은 아직 마음 구석에서 작게 흔들리는 정도에 불과했다. 그러나 느릿느릿한 운전 끝에 이다바시에서 전철이 완전히 선 채로 꼼짝못하자 나는 가만히 서 있을 수 없을 정도로 초조해졌다.

지하철은 운행될 것이라는 말을 듣고 계단을 뛰어내려가 시부야까지 겨우 도착했다. 버스로 갈아타 가쿠게이 대학 앞까지 차를 타고 눈길을 달려 대학에 도착한 때는 시험시간을 1시간이나 지나서였다. 그러나 늦은 것은 나뿐만이 아니었다. 내가 도착한 후에도 절박한 표정의 사람들이 몇 명이나 시험장으로 뛰어들어왔다.

대학측에서도 눈 때문에 상당한 혼란이 있었던 모양이었다. 결국 11시 시험 시작이라는 결론이 내려져 무사하게 시험을 치를 수 있었다.

오래 전부터 준비해온 시험이었으나 문제를 훑어보고 암울한 기분이 되었다. 불어를 선택한 어학은 어떻게든 되겠지라고 생각했으나 교양시험으로 제출된 문제가 어려웠다. 인문계 학문을 묶어놓은 듯한 출제로, 문화사 시각으로 서술을 하라는 문제였다. 출제자가 자신의 방대한 지적 영역을 자랑하는 것처럼 느껴진 것은 수험자가 힘들었기 때문일까? 어쨌든 답안지를 글자로 메우고서 허무한 기분으로 시험장을 나왔다.

다음날은 구두시험이었다. 폭설 후는 쾌청하여 하늘은 5월을 생각나게 하고 태양은 쌓인 눈에 반사되어 주위에 빛의 조각들이 흩어져 있었으나 기분은 어두웠다. 눈으로 인한 장해는 아직 남아 있었다. 시부야까지는 겨우 도착했으나 역에서 떠나는 버스가 아무리 기다려도 오지 않았던 것이다. 또다시 시간은 급박해졌다.

나는 전날의 필기시험을 떠올리고 이미 '여기까지 하자'고 생각했다. 집을 나올 때부터 그런 기분이 들었다. 필기시험이 있는 이상 오늘 최선을 다해본들 결과는 이미 나온 것과 마찬가지. 여기까지 왔지만 버스가 오지 않으면 그만 포기하자……. 내 발은 개찰구를 향하여 걸어나가려고 하고 있었다.

그때 옆에 있던 한 무리의 여성들 앞에 체인을 감은 택시가 멈췄다. 오랫동안 기다려 겨우 잡은 차였다. 그녀들도 도서관 단대 수험생인 것을 금방 알 수 있었다. 한 대의 택시에는 모두 탈 수 없을 사람들이 무리지어 있었다. 나도 그 택시를 멀찍이서 둘러쌌다. 그러자 차에 타려고 하던 한 여성이 나에게 말을 걸었다. 수험생이라고 답하자 수험번호는 몇 번이냐고 다시 물었다. "1번입니다만……." 그 대답이 주위 사람들을 놀라게 했다. 말을 걸었던 여성은 곧 차를 나에게 양보해주었다. 자신은 40번대라고 말했던 것으로 기억한다.

나는 후에도 그때 일을 몇 번이고 떠올렸다. 그리고 생각나는 대로 친한 사람에게도 이야기해왔다. 내가 별과에 들어가고 도서관직원이 되었을지 안되었을지는 그 한순간, 그 여성의 한마디에 달려 있었다. 나는 그 목소리가 없었다면 여기까지라고 생각하고 이제 그만이라는 생각으로 발길을 돌려 시부야 역의 많은 발자국들 속으로 사라졌을 것이 틀림없다. 별과에 들어가서 나는 그 여성을 찾았다. 그러나 그 사람은 입학하지 않았고 결국 어떤 사람이었는지 모르는 채 끝났다. 누구인지 알지 못하는 한 사람의 선의로 그로부터 10년, 이렇게 도서관직원인 나를 이따금 차분히 생각할 뿐이다.

면접 때의 일도 잊을 수 없는 기억이다.

왜 별과를 지망하는가? 왜 도서관 직원이 되고 싶은가? 이런 질문에 그것이 나의 절박한 문제였던 만큼 나는 그 말에 몰두했다. 왜 도서관 직원이 되려고 하는가? 그것은 내가 그곳에서 나 자신과 사회를 이을 길을 발견할 수 있기 때문이었다. 나는 대학에서는 프랑스의 카톨릭 작가인 줄리엥 그린(Julien Green)이라는 사람으로 대상을 좁혀 읽어왔다.

그는 무척 열심히 자기 내면에 대한 충실을 희구하며 멈추지 않는 작가였다. 그의 작품 속 인물은 어둡고 폐쇄된 상황에서 필사적으로 살아갈 길을 만지작거린다. 그러나 살아야겠다는 정열은 예외 없이 그 진지함과 순결함을 이유로 현실사회에서는 파멸해간다. 인간에 대한 그린의 신뢰와 기도가 이 시대에도 항상 역설적으로 다가와 강하게 나를 사로잡았다. 인간의 운명의 비참함과 영혼의 존엄성에 대해 깊이 생각하도록 했다. 나는 그린이 나타낸 인간의 숙명을 찾는 것으로, 자신이 사회와 관계하는 방법을 찾아야 한다고 생각했다. 왜 도서관 직원이 되고 싶냐는 질문을 하면 내가 대답할 수 있는 것은 그것뿐이었다. 줄리엥 그린을 평생 계속 읽고 싶다. 사회인으로서도 그것이 가능한 일은 도서관말고는 없다고 생각한다…….

나의 대답을 3명의 시험관은 어떻게 받아들였을까? 나에게 남은 것은 공허함이었다. 진실을 직면한 상대가 자신과 같은 전압을 나타내주지 않은 점에 대한 회한, 그것을 비난하면서 오지 않는 버스를 기다리고 있었다. 길 끝에 쌓인 눈이 아직 순백인 채로 태양빛에 반짝이고 있었다. 그 빛의 입자는 내 눈을 찌르듯이 단단하면서도 아름다웠다. 나는 언제까지고 그 반짝임을 보았다. 그리고 눈이 녹아내린 물이 발에 전해지는 것을 생각 없이 쫓고 있었다.

그 후 그때 시험관 중 1명이 학장이었고, 데카르트론을 출간할 정도의 철학자였다는 것을 알게 되었다. 나는 여기에서도 생각지 못한 행운을 잡게 되었던 것인지도 모르겠다. 그 즈음 일본에서는 그리 읽힌다고 할 수 없는 작가를 잘 아는 사람을 만나게 되어, 왜 줄리엥 그린인가를 그 사람을 향해 열심히 이야기하였기 때문이다.

택시를 양보해준 여성과 이 면접관, 두 행운을 만나 처음으로 도서관 직원의 길을 가게 된 것은 아닐까? 사람과의 만남이란 불가사의한 면에 대해 다소 신비스러운 기분으로 생각할 때가 있다.

그러나 그렇다 하더라도 세상을 읽고 약삭빠른 교묘함으로 나의 본마음을 숨겼다면 어떻게 되었을까? 성격이 단순하기 그지없는 나는 언제나 본마음만으로 사람들과 접해왔다. 그 때문에 생각지도 못한 오해나 상처를 입기도 한다. 그러나 본마음을 감추고 교활하게 일상생활의 조각들을 모아 맞추어서 설사 성공할지라도 그렇게 이루어진 인생은 모두 무엇일까라고 생각해버린다.

그때로부터 10년이 지났다. 나 자신은 어떠한 도서관 직원이 되었나. 타인에게 비쳐지는 모습만이 본모습은 아닐 것이다. 단지 열심히 한 길로만 생각하던 일을 지금부터도 '지속할 수 있는 나'이고 싶을 뿐이다.

(지바 현 공공도서관협회지, ≪らいぶらりあん≫ No. 20)

별과에 들어와 나는 구사노 마사오 교수님의 가르침을 받았다. 선생님 덕택에 지바 현립도서관에서 일하게 되었다. 생각해보면 어느새 다른 사람들을 위해 길을 닦는 입장이 된 것이다.

도코요다 씨가 이 글을 어떻게 읽었는지 모른다. 읽지 않았을지도 모른다. 그러나 나는 그를 배웅하면서, 이 사람은 '그때의 나'를 살고 있다는 생각을 지울 수 없었다. 어떻게든 가능하다면. 그의 등을 보면서 생각하기 시작했다.

그는 오랜 아르바이트 경험으로 쌓은 능력을 이제 여기 우라야스 도서관에서 발휘하고 있다. 도서관에서 사용하는 컴퓨터에 무엇을 답하게 할 것인지, 그는 보다 나은 시스템 구축에 노력하고 있다.

예산은 없어도

'뱀의 길은 뱀'이라는 속담이 있는데, 어디서 듣고 온 것일까? 버려진 집 같은 준비실에 업자들이 빈번하게 방문했다. 전산회사 세일즈맨과 도서관 비품업자는 이쪽에서 정보를 제공받아야 하기 때문에 그에 필요한 시간은 준비작업의 일부로도 생각할 수 있으나, 정체를 알 수 없는 업자가 아무런 약속도 없이 2층에 올라오는 것에는 응대하지 않았다. 찾아온 뜻을 들으니 대부분이 중앙관이 완성되어 개관 준비를 하면서 생각해도 늦지 않을 것들이었다. 그렇지 않아도 부족한 시간을 그들에게 빼앗겨버리는 것은 참을 수 없었다. 예약을 하지 않은 업자는 2층에 올라올 수 없다는 것을 원칙으로 하였다.

오래된 점포를 자랑하는 백화점 외판과장이 올라온 적이 있었다. 풍채가 좋은 50세 가량의 남자였다. 2층 문에 서서 명함을 건네고서 신발을 벗고(바닥이 다다미였기 때문에) 오르려 하지 않았다. 바닥부터 천장까지 휙 둘러보고서는 제대로 용건을 전하지도 않고 계단을 내려가버렸다. 개관기념품 세일즈라도 하러 왔겠지만 방안을 둘러보는 그의 얼굴에는 '아아 이건 안되겠다'라는 표정이 역력히 떠올랐다.

그런 업자는 우리 쪽도 수고를 덜 수 있어 좋은 경우라고 할 수 있지만 아래 카운터에 앉아 있으면 문을 열고 들어오는 사람이(분명 새로운 전입자일 것이다) 도서관을 한바퀴 돌아보고, '여기는 이용할 수 없겠다'는 표정으로 기침을 하고 나갔다. 또 어떤 사람은 믿을 수 없다는 표정을 지으면서 "우라야스 도서관이 이 정도입니까?"라고 묻는다. 전부터 일해온 나카자와 씨와 이다 씨는 직속상사도 없이 이런 장면을 몇 번이나 경험했을까? 어두운 표정이 되는 것이 당연했다.

우라야스 도서관에 도입한 컴퓨터는 목록 카드에 대응하는 서지검색기능(알기 쉽게 말하면 '책 찾기'이다)을 갖추고자 했다. 그래서 판매되고 있는 마크를 구입하는 수밖에 없었다. 컴퓨터가 주는 회답은 한자 표기로 하자고 생각했다.

생각해보면 지금까지의 도서관 목록 카드는 1권의 책에 대한 최소한의 데이터이다. 도서관에서는 저자, 서명, 학문상 분류와 이용자의 편리를 생각하여 평균 3종류의 목록을 준비하고 있다. 1권의 책에 대해 이용자만을 위해서도 3장의 카드가 준비되어 있다는 말이다. 10만 권의 장서라면 30만 장이 된다. 배열이 틀리면 물론 책은 찾을 수 없다.

그런데 우라야스처럼 중앙도서관 외에 4개의 분관이 세워지게 되면, 예를 들어 각 분관에 3만 권씩 책을 둔다면, 하나의 분관에 9만 장의 카드가 필요하고, 또 중앙도서관의 책을 찾으려면 원칙적으로는 그 분관에도 30만 장의 카드가 있어야 한다. 분관이 증가함에 따라 카드는 기하급수적으로 늘어날 것이고, 장서는 반드시 늘어날 것이므로 실제로는 분관이 전 장서의 카드 목록을 구비한다는 것은 불가능하다. 또한 반대로 많은 노력을 들여 유지했다 하더라도 소장 유무를 파악하는 것뿐으로, 1권마다 현재의 움직임을 추적하는 것은 불가능했다.

도서관 업무에서 전산기술 개발이 이 난제를 해결했다. MARC(Machine Readable Catalog의 약어, 기계가독형목록)이 개발되어 시판되었기 때문이다.

일판이나 동판 등 거래처 중개점에서는 취급하는 서적 재고관리를 위해 도서목록을 전산용으로 데이터화하기 시작했다. 그리고 도서 유통경로를 일체화시켜 도서관용으로 1권 분량의 데이터 단가를 정해 이를 팔았다. 민간수준에서 가장 빠르게 MARC를 시판한 것은 일판이었다. 업계소식지에서는 그 평가를 전하는 기사가 자주 나기 시작했다. 하마마쓰 시립중앙도서관이 일본 공립도서관에서 처음으로 이 MARC를 도입한 것도 우리는 업계소식지를 통해 알았다.

4월에 막 개관한 중앙도서관 관장 오쓰카 가쓰미 씨는 2년의 준비과정으로 방대한 장서의 서지 관리를 어떻게 할 것인가 고민하던 끝에 일판에서 작성한 MARC에 주목하여, 이것이 공립도서관에서 사용 가능한가를 검토한 결과, 도입하는 것으로 결단을 내렸다고 말했다. 이는 우리들이 생각했던 것과 같은 과정이었다. MARC에 만점을 줄 수 없다고 하더라도 충분히 사용할 만한 것이라고 오쓰카 관장은 주장했다. 우리들은 하마마쓰 도서관에 가서 검토해보아야 했다.

도서관 예산은 전년도와 동일한 운영을 전제로 자료구입비만 인상시킬 뿐이므로, 무엇을 하더라도 예산이 없었다.

물론 당일로 하마마쓰에 가는 것만으로도 1년간의 출장여비는 모두 없어져버린다. 그래도 다른 도리가 없었다. 조그만 선물이라도 마련할 예산도 있을 리 없었다.

이다 씨와 약속한 시간에 늦지 않기 위해, 지바 내륙부에 사는 나는 신간선 홈에서 첫번째 전철을 탔다. 이른 아침 전철은 도쿄에 행상하러 가는 아주머니들로 붐비고 있었다. 좌석에는 큰 등짐바구니와 물건 꾸러미가 늘어서 있어 빈 곳이 적었다. 겨우 찾아낸 소파에 앉았지만, 반대편과 이쪽 편에서 큰 소리로 떠들어대어 기분은 좋지 않았다. 반대편 바구니에는 후리지아 꽃다발들이 있었다.

그것을 보고 있으니 조그만 선물 하나 없이 처음 방문하는 곳에 가고 있다는 사실이 걱정되기 시작했다. 하마마쓰에서 이다 씨에게 대접할 예정이던 우나주(장어구이를 위 찬합에, 밥을 아래찬합에 담은 고급 도시락)를 특상품에서 보통으로 내리면 조금의 여유가 있었다. 큰 소리를 내며 떠들고 있는 아주머니에게 2천 엔만큼만 그 꽃을 주지 않겠냐고 물어보았다. "첫 손님이니까 싸게 줄게요"라며 아주머니는 바구니에 한 다발만 남기고 거의 대부분의 후리지아를 나에게 주었다. 큰 꽃다발을 안고 남자 2명이 하마마쓰 도서관에 들어서면 그쪽에서는 '무슨 일인가?' 하고 생각할지도 모른다. 웬일인지 장난을 치는 듯한 기분이 들어 유쾌해졌다.

하마마쓰 도서관에서는 아직 공부가 부족했던 우리들에게 오쓰카 관장이 정성스러운 설명과 조언을 아끼지 않았다. 우라야스에서도 언젠가는 갖게 될 분관도 보여주었다. 수확이 많았던 견학이었다. 깊은 감사를 표하며 관장실에서 현관으로 향하다가 도서관의 모든 꽃병에 우리가 안고 갔던 크림색 후리지아가 꽂혀 있는 것을 깨달았다.

현립도서관 이소노 요시코 씨에게 강연을 부탁한 '어린이도서 강연회' 날이 가까워졌다. '이런 도서관을 바라는 모임'의 중심

멤버들, 미타니 씨, 고시노 씨, 오키야마 씨, 이와사 씨, 오카모토 씨가 협의를 위해 도서관에 몇 번인가 찾아와주었다.

언제나 냉정하게 사물의 도리를 생각하는 미타니 씨, 밝고 빠르게 말하는 고시노 씨, 부드러운 말씨와 끊이지 않은 미소에 강한 생활력을 숨기고 있는 오키야마 씨, 주변 사람들의 배려를 아끼지 않는 이와사 씨, 소녀가 엄마가 된 듯한 오카모토 씨, 모두 기분 좋은 사람들이었다. 사업을 시행해가는 과정에서 이 사람들의 됨됨이에 빠져 우리들의 관계는 급속히 마음을 여는 동지가 되었다.

열린 강연회는 유아에게 그림책은 무엇인가, 좋은 그림책을 고르려면 어떻게 하면 좋을까를 배우기 위한 것이었다. 어린아이를 책임지는 어머니들이 대상이었으므로 육아를 어떻게 해야 할 것인가라는 문제를 피할 수 없었다. '이런 도서관을 바라는 모임' 사람들은 그것을 매우 당연한 일인 듯 맡아주겠다고 했다.

자신들에게 필요했기 때문에 의회에 진정까지 하여 겨우 개최하기에 이른 강연회인데도 당일 강사의 이야기를 듣는 것도 포기하고 뒤쪽에서 참가자의 아이들을 돌봐주었다. 머리가 숙여졌다.

이 강연회 때만이 아니다. 우라야스에서 운동을 일으킨 '이런 도서관을 바라는 모임' 사람들은 희망하는 것에 대해서는 자신들도 책임을 지는 동시에 일한다는 자세를 항상 갖고 있었다. 먼저 인용한 가시와의 기요모토 씨 말을 빌리자면 우라야스 도서관은 좋은 PTA 담당을 갖기 시작한 것이었다.

강연회는 지금은 개축되었으나 중앙공민관 2층 낡은 집회실에서 열렸다. 큰 방을 가득 채운 어머니들의 열기가 하무라 쵸에서 일찍 부임한 스가 씨에게도 우라야스의 강렬한 첫인상이 되었다. 새로운 임지에서 '아동도서관 직원이 이렇게도 필요하구나' 하고 그녀의 가슴도 뜨겁게 부풀어올랐다.

소학교 PTA 활동을 모태로 한 독서회의 부탁으로 독서회 진행법, 교재 선택법에 대해 이야기했다.

현립도서관 시절부터 요미우리 북클럽 실행위원으로 있었기 때문에 독서회에 대해서는 어느 정도 아는 것이 있었다. 요미우리 북클럽은 요미우리 신문사 사업개발부가 하고 있는 일종의 자선사업이다. 관동 각 현립도서관이 지방사무국이 되어 현 아래의 시립도서관에서 개최하는 독서보급을 위한 집회사업이나 독서회 육성에 대한 원조를 하고 있다. 지방도서관 단독으로는 좀처럼 초청하기 어려운 일류작가들을 큰 신문사의 힘으로 알선하거나 강사 사례에 도움을 주고 있다. 지방도서관 이용자에게 제일선에서 활약하는 저명인사들과 서로 친밀하게 환담할 수 있는 기회이기 때문에, 하기 힘든 집회를 실시하게 되어 무척 기뻐했다. PR에는 도움이 됐을지도 모르겠으나 직접적인 이익으로 이어지지 않는 작은 사업을 요미우리에서는 이미 20년 이상 계속해오고 있다. 그 노력은 너무도 많다.

앞에서 말한 독서회 이야기가 발단이 되어 모임의 중심이었던 아키모토 씨와 아리토 씨가 PTA 활동 기념사업으로서 저자 초청 모임을 열고 싶다, 강사를 소개해주지 않겠느냐 등의 상담을 받았다. 사례가 부족하므로 도서관이 지원을 할 수 없겠느냐는 것이었다. 현립도서관 북클럽 사무국에 부탁하여, 이는 매우 간단하게 이야기가 진행되었다. 게다가 아키모토 씨와 아리토 씨가 열망하고 있던 미야오 도미코 씨가 강사로서 우라야스에 오게 되었다.

소학교의 이야기 후 시내에는 독서모임이 생겨나기 시작했다. 처음 '모임'을 만들기 때문이라며 상담을 요청한 사람은 도서관 가까이에 사는 우치다 유코 씨였다.

우치다 씨는 시의 회계 담당 우치다 히로나카 씨의 며느리이다. 결단이 빠르고 활동적인 사람으로 친구들을 모아 '갈대회'라는 독서회를 발족시켰다. 다른 독서회도 차례로 생겨났다. 우라야스라는 곳은 바로 다양한 반응을 보이는 지방색을 가지고 있었다. 독서회는 곧 우라야스 시 독서회 연락협의회를 결성하기에 이르렀고, 도서관에서 열리는 '책을 읽는 어머니 모임'이나 '문학산보' '역사산보' 협찬, 기관지 ≪부두≫ 발행, 합동 독서회 개최, 다른 시 독서회 연락협의회와 교류 등 왕성한 활동을 전개했다.

'갈대회'를 만든 우치다 씨에 대해서는 한 가지 잊을 수 없는 일이 있다. 도서관이 매년 가을 독서 주간 중에 발행하는 『책을 읽는 어머니 독서감상문집』 원고를 처음으로 모집하던 해의 일이다. 모처럼 관장이 생각해낸 일이 실패로 끝나면 기세가 꺾인다고 우치다 씨는 나를 데리고 뜨거운 여름, 영향력이 있어 보이는 사람들의 집 주위에 응모를 호소하러 다녀주었다. 그 방법은 철저했다. 원고용지에 응모요령을 말아넣어 의뢰하는 일만 각각의 집에 두고 온 것이다. 50편만이라도 모인다면 좋겠다고 생각하고 있었으나 그 덕분인지 172편의 원고가 도서관에 도착했다.

우치다 씨는 도쿄에서 시집와서 우라야스 사람이 되었는데 자신을 믿는 사람은 철저하게 돌봐주고, 잘난 체하는 사람에게는 반감을 나타낸다. 어수선하게 말하는 일이 없고, 단지 행동으로 보여주는 것 등, 이른바 '토박이' 특징을 뚜렷하게 가진 사람이다.

'자치회 문고' 사람들, '이런 도서관을 바라는 모임'의 사람들, 그리고 독서회 연락협의회의 결성 등 오래되지 않아 도서관 주위에는 도서관을 지지하는 강력한 PTA가 형성되었다.

신참관장의 의회 체험

중앙도서관 설계는 사토 다케오 설계사무소의 고미야 아키라 주임과 도서관 설계를 주제로 하여 석사학위를 취득한 사카이 시즈야 씨가 담당했다.

고미야 씨는 우라야스 시민이다. 자신이 도서관을 필요로 했고, 이전부터 '이런 도서관을 바라는 모임' 등의 요망에도 주의를 기울이고 있었다. 현저하게 도시화가 진행되는 우라야스의 사정을 속속들이 잘 알고 있었기 때문이다.

도면 변경 의견을 내면서 우리들은 도서관의 이미지를 확인하기 위해 히노 시립도서관, 히가시무라야마, 그리고 막 개관한 홋사 등을 보러 다녔다. 사회교육과장도 함께했다. 서로 바쁜 일정을 짜맞춘 바쁜 견학이었으나 현지에서 배운 것 이상으로 그 짧은 여행은 서로를 아는 기회가 되었다. 독립건물로 도서관을 설계하는 것은 사무소로서도 처음이었으므로 두 명에게는 한결같은 정열이 있었다. 그리고 발주를 한 측에서 처음으로 제기한 구체적인 이미지에 주의깊게 귀를 기울여주었다.

이렇게 쌍방이 합의에 도달한 실시 설계도면은 9월 정례의회에 상정되었다. 도서관에 관한 안건은 또 하나 있었다. 이동도서관차 구입을 위한 보정예산이다. 제작비 8백만 엔, 그리고 이동도서관용 도서 1만 권, 1천5백만 엔을 재정과와 협의해 요구하여, 그것이 시장사정에서 통과, 보정예산안에 추가되었다.

나는 본회의장에 설명자로서 처음으로 들어갔다. 의원석과 단석을 향해 있는 회의장은 익숙하지 않은 사람에게는 어마어마했다. 나는 다소 흥분했었다고 기억한다. 설계도면에 대해 어느 의원이 일반적인 질문을 했다.

새로 건설할 도서관에 학생들이 공부하는 방의 좌석이 너무 적다는 지적이었다. 도서관이 건설될 때 또 도서관 운영을 둘러싸고 반드시 나오는 것이 이 좌석수 문제이다. 현재 새롭게 만들어질 도서관에 대한 희망으로, 넓은 학습실을 학생들에게 만들어주는 다른 도서관의 예를 배우라는 말을 몇 명으로부터 듣고 있었다. 시민을 위한 도서관이 학생들의 공부방이어도 좋단 말인가? 도서관측이라면 그렇게 생각하지만, 그 생각은 일반인이 오랜 전통 속에서 생각해온 도서관상과 크게 엇갈린다. 그 격차를 메우기 위해서는 도서관 입장에서 상대측으로 입장을 바꾸어보고 그리고 역시 상대측도 이쪽으로 입장을 바꿔보는 자세가, 결국은 말과 행동으로 신뢰를 얻는 것이 필요하겠지만, 신임관장인 나는 다짜고짜 직구를 멀리 던졌다.

> 설명자(다케우치 노리요시): 학습실이 좁다는 (…) 질의에 대해서 설명하겠습니다. 질의는 도서관 운영의 기본과 관계되는 문제이기 때문에 그 점부터 설명하도록 하겠습니다.
>
> 요즈음 세워지는 도서관은 대부분 대출을 중요시하여 열람으로 장시간을 도서관에서 보내는 서비스 형태에서, 철저한 대출 서비스로 바뀌어 가는 식으로 세태가 변했습니다. 심한 경우는 학습실이 없는 도서관도 최근에 와서 상당한 수치를 보이고 있습니다. 그래서 우라야스 시립도서관도 당연히 이러한 이념에 따른 도서관 건설을 생각했습니다. 왜 대출중심인가를 간단하게 설명하자면, 도서관이라는 것은 도서를 통하여 불특정다수의 시민에게 최대한의 서비스를 제공하는 기관이라고 생각합니다. 그러므로 오후에 도서관 시설을 이용해 몇 시간을 보내는 층을 생각하면 학생 혹은 직업이 없는 사람, 인구비로 비교해보면 아주 적은 사람이라고 보는 것입니다. 그러한 사람들을 위해 많은 서비스를 하면, 불특정다수 사람들의 독서의욕을 채우기 위해 1권이라도 좋은 책을 많이 두는 운영이 불가능하므로 가능한 한 학습실은 이번 경우에도 억제하였습니다. 그 대신 그에 해당하는 부분을 개가도서 대출 서비스 부문으로 할당하게 되었습니다. 이상입니다.

이 의사록을 반복해 읽을 때마다 나는 얼굴이 붉어진다. 잘못된 것을 말했다고는 생각지 않는다. 결론을 정정할 필요는 없으나 말하는 방법이 틀렸다. 아니 어떠한 일에 대한 이해를 구하는 입장에 있는 사람으로서 다른 입장에 있는 사람에게 한 걸음 다가가려는 유연함이 없었다는 점에 잘못이 있다고 생각한다. 상대방을 잘라버리는 것으로 끝난다면 언제든 무슨 일이든 간단할 것이다. 주택사정이 나빠 조용한 환경에서 공부할 수 있는 도서관을 필요로 하는 사람들이 있는 이상, 공염불처럼 도서관측의 이념만을 설명한다면 진정한 이해는 얻을 수 없을 것이다. 학습실을 넓혀달라, 좀더 편안한 공간을 확보해달라는 소수의견은 지금도 밀려오고 있다.

사용하는 사람에게는 자신의 필요성이 도서관의 존재이유이므로 도서관에 학습실이 있는 한 그 목소리는 그치지 않을 것이라고 생각한다. 도서관에 학습실이 있기 때문에 좁다, 좌석이 적다 등의 요구가 나오는 것이다. 한번 이렇게 생각해보면 어떨까? 대체 몇 좌석을 늘리면 시내의 학생이나 자습을 희망하는 사회인의 자리가 확보될 수 있을까라고. 49석으로는 절대적으로 부족하다. 그렇다면 100석이면 괜찮을까? 200석이면 좋을까?

우라야스는 지금부터 중고교생이나 실업자 수가 늘어날 것이다. 예를 들어 도서관 전체를 학습실로 한다 해도 그 좌석 수는 절대적으로 부족하다. 학습실을 도서관에만 기대해야 하는가를 묻지 않을 수 없다. 학생이 조용한 환경에서 공부할 수 있는 곳이 정말로 필요하다면, 매 여름과 겨울, 방학기간마다 학교도서관의 개방이나 공민관의 이용, 더 나아가 학습관 건설이라는 넓은 시야로 이 문제를 생각해야 한다.

한국도서관협회 회장인 엄 회장이 개관 후의 우라야스 도서관을 몇 차례 방문했는데, 한국의 공립도서관은 학습관이라고 했다. 도서관에서 일하는 사람들은 좌석관리가 역할이어서 일을 할 의욕도 없고, 아주 무능력한 사람이 머무는 직장이 되어버렸다고 한다. 또 거리에는 사기업이 경영하는 학습관, 즉 독서실이 많다는 것이다.

일본보다도 더 주택사정이 나쁘다는 배경이 있지만 엄 회장의 이야기를 들으면서, 그 때문에 도서관이 좌석대여관이 되었다는 생각은 들지 않았다. 일본에도 예전에는 그러한 도서관뿐이었다. 도서관은 학생이 공부하는 곳이라고 생각하는 사람이 지금도 많은 것은 그 때문이다. 교육자나 상당한 교양이 있는 문화인들 중에도 그렇게 생각하는 사람이 많다. 일본에 좌석대여업이 생겨나지 않은 것은 시험지옥으로 괴로워하는 인구가 지금 정도로 많지 않았기 때문이다.

왜 그것은 안되는 것일까? 도서관은 왜 책을 빌리는 곳이 되어야 할까? 그것을 시사한 것이 이동도서관으로 시작한 히노 시립도서관의 활동이다. 그 이념을 요약하자면 열람 위주의 도서관은 실은 학습관·자습관이고, 그곳에서 도서관의 책을 장시간 읽는 사람이 있다 해도 그러한 이용이 가능한 사람은 상당히 한정되어 있다. 현역에서 은퇴한 노인, 실업자, 학생, 대충 말하자면 그러한 사람들이다. 그런 한정된 사람들의 시설이라면 도서관은 없는 것보다는 나은 시설로 좋은 것이 된다. 행정적인 위치로나 시민생활의 장으로나 모두 부족한 존재가 되어버린다. 지금도 그러한 도서관이 많다. 그것은 옳지 않다. 도서관이 그렇게 있어서는 안된다라며 행동에 나선 것이 히노 시립도서관이었다. 책이 있으면 건물이 없어도 도서관 서비스가 달성될 수 있음을 이동도서관으로 증명하였다. 그 행동은 앞에서 말한 시미즈 쇼조 씨가 발간한 『중소도시의 공공도서관 운영(中小都市における公共図書館の運營)』의 이론에 바탕을 두고 있는 것이다.

새롭고 다양한 책을 많이 갖추어 시민에게 대출하는 일, 도서관에 가면 읽고 싶은 책이 반드시 있다는 신뢰를 시민에게 심어주는 일, 책상과 의자를 나란히 늘어놓은 공간을 서가로 변하게 하는 일이었다. 즉 누구나 언제나 어디서나 도서관 서비스를 받을 수 있게 하는 활동이었다. 보다 많은 사람에게 도서관이 도움이 되기 위한 전술이었다. 그 전술은 보기 좋게 적중했다. 도서관을 사람들 생활 속에 침투시킴으로써 행정적인 위치를 갖게 되고 시민에게 없어서는 안 될 시설로서 자리잡게 된 것이다.

의회의 일로 이야기를 돌리면 의안은 상임위원회로 의뢰, 위원회 심의로 옮겨졌다.

나는 본회의의 답변이 불충분했음을 깨닫고, 약간의 후회도 하고 있었다. 그 의원이 복지문제에 대해 약한 자의 입장에 서서 집요하고 성의 있는 태도로 질문을 파고들어가는 것을 보았기 때문이다. 생활수준이 낮은 사람의 생활요구라는 점에서 도서관의 학습실 문제를 생각한 것이 틀림없었다. 결론은 다르다고 하더라고 서로 양보한다면 이쪽의 입장을 이해 못할 상대는 아니라고 생각했다.

신설 도서관은 열람 중심이어야 한다, 대출을 한다면 순회도서관이나 PTA에 설치되어 있는 어머니 독서 센터의 활동으로 할 수 있지 않은가라는 취지의 질문을 다른 의원이 했다.

어머니 독서 센터는 도서관이 설치되지 않았거나 있어도 우라야스와 같이 빈약해 만족스럽게 운영되지 못하는 자치단체에 처음에는 현, 즉 시나 정(군) 자체가 지역 PTA에 적은 조성금을 내어 학교 PTA 사무실에 몇 권 정도 책을 구입하여 회원에게 대출을 하는 활동이다. 우라야스에는 소학교 두 곳에 설치되어 있고 연간 5만 엔의 보조금을 받고 있다.

대출 중심으로 한다면 어머니 독서 센터와의 관계를 검토해야 하지 않느냐는 것이었다. 1천 권이나 2천 권의 책을 갖고 있는 어머니 독서 센터와의 관계를 검토하여 시민의 도서관 요구에 대한 대응책이 나올 수 있다는 것일까? 대출의 의미를 그 정도로밖에 생각하지 못하기 때문이다. 도서관과 도서관을 요구하는 시민의 실정을 전혀 모르는 것이다. 상정되어 있는 설계도는 열람 중심으로 대출을 생각하는 도면이다. '새로운 도서관을 대출 중심'으로라는 도서관장의 식견이 의심스럽지만 교육장은 그 점을 어떻게 생각하느냐고 했다. 식견을 의심하는 것은 오히려 이쪽이었다. 놀라운 이야기였다.

신참 관장으로서는 배울 것이 많았던 의회 체험이었다. 의원이 대변하는 시민의 도서관상과 도서관측의 도서관상과의 해결되지 않는 차이. 직구만으로는 어려웠다. 커브나 느린 공도 생각하지 않으면 안된다. 그 공을 목적에 닿게 하려면 어떤 공이 좋을까? 교육장의 숙달된 답변을 들으면서 나는 그런 생각을 했다.

이 위원회에는 후에 현 의원이 된 우다가와 게이노스케 의원이 있었다. 디즈니랜드를 시찰한 후 애너하임(Anneheim)의 시립도서관을 견학하였으므로 그 사람에게는 시립도서관이 확실하게 이미지화 되어 있었을 것이다. 차원이 다른 질문으로 이따금 도서관을 지원사격해준 것이 인상적이었다.

설계도와 이동도서관 차 구입, 그리고 그에 따른 도서비 1천5백만 엔을 그 의회에서 승인받았다. 중앙도서관 건설공사는 곧 착공되었다. 나는 이동도서관 차 발주를 서둘러야 했다.

시장이 받은 편지

한정된 서가에 얼마나 많은 책을 쌓을까? 이동도서관 차 제작은 서가 설계에 성패가 달려 있다. 책을 많이 쌓기 위해서 차를 대형으로 하면 간단하지만 도로사정이나 주차장을 생각하면 거꾸로 가능한 한 작은 쪽이 좋다. 자동차를 운전할 직원의 입장에서 생각해도 의외로 심각한 문제를 포함하고 있다.

대형차를 항상 사고 없이 다루기 위해서는 무엇보다도 운전기술이 중요하지만, 차 운전에 앞서 이용자를 맞이했을 때는 승무원은 어떤 의미에서 관장의 대리이다. 미니 도서관이긴 해도 이동도서관 장서에 대한 적절한 안내와 지식, 책임을 지녀야 한다. 결국 사서로서의 실력이 문제가 된다. 하지만 대형차일수록 운전담당이 따로 있어야 하기 때문에 결국 오랜 경험을 가진 운전수의 뜻에 따라 이동도서관이 유지된다. 차에 실린 장서의 내용에도 그러한 면은 당연히 반영될 것이다.

그렇다면 사서가 운전을 겸하면 좋을까? 여기에도 문제는 남는다. 같은 사서이면서 운전을 오래해야 한다는 불리한 조건도 있고, 인사이동에서 예외라는 점에서도 문제는 남는다.

결국 사서가 누구라도 운전할 수 있는 상황을 만드는 것이 가장 타당하고, 도시의 도로사정도 대형차를 감당하지 못하므로 지금 시립도서관의 이동도서관 차는 대부분이 26인승 마이크로버스를 개조한 것이다. 그래서 작아진 만큼 소장도서가 줄었기 때문에 서가설계가 과제가 된다.

현립도서관에서 도면을 빌려오고 다른 시의 이동도서관 차에 타보면서 사이토, 혼다 씨 두 명은 2번째 와카쿠사 호 검토에 이전부터 의욕적으로 몰두하고 있었다. 각자 부분을 분담하여 자료선정도 시작했다.

앞에 언급한 것처럼 MARC 구입으로 목록을 유지하기 때문에 서적구입은 간단히 북리스트에서 선정할 수는 없었다. 사려고 결정한 책이 MARC화되어 당장 입수할 수 있어야 하는 것이 책의 내용보다 앞선 문제였다. 국회도서관에서 개발한 일본 MARC는 목록의 완성도·정확성에서는 절대적인 신뢰가 있지만, 신관 준비를 하고 있는 우리들과 같은 입장에서는 지금 말한 데이터가 물류

(도서구입상의 흐름)와 일체화되지 않은 점이 최대의 결함이었다. 또한 동판에서는 TRC라는 MARC를 판매하였으나, 그때는 업계의 평가가 없었고 개발이 늦다는 것을 알 수 있었다.

데이터화가 내용에 선행하는 자료선정 조건이라 하면, 본말전도라고 할 수 있으나 실제는 일판이나 동판에서 취급하는 신간서적 모두가 데이터로 된 것이며, 신설 도서관은 우선 신간구입으로 장서를 준비하므로 모순은 없다. 일판으로부터 신간과 재고를 소급하여 데이터화한 20만 권 분량으로 몇 묶음이나 되는 바인더를 빌려, 우리들은 자료선정을 하였다.

주문한 책에 대해서는 수주(受注)측에서 장비를 갖춰 납품하는 것은 앞에 서술한 대로이다. 장비상 상세한 사양서는 스가 씨가 만들었다.

MARC는 원래, 일판이나 동판의 거래처 중개점에서 물류상 필요로 생겨난 것이다. 따라서 어떻게 하더라도 신간서 데이터화가 중점이 된다. 간행되어 5년 이상이 된 것을 데이터화하였으나 출판사에 책이 없으면 데이터도 팔 수 없는 것은 당연한 것이다. 하지만, 곤란한 일은 뛰어난 아동서를 수집하려면 신간서에서만 찾을 수는 없어 각 사의 출판목록에서 평가가 된 것을 골라내지 않으면 안된다. 즉 아동서 선정에서는 데이터 목록이 소용없다고 스가 씨는 판단하였다.

데이터 목록에 따른 자료선정, 각 사의 재고와 함께 납품한 책에 한 장만 목록카드를 만들기로 한 것은 스가 씨 생각이었다. 전산으로 목록을 유지하므로 카드에 집착할 필요 없다는 생각도 그 시점에서는 있었으나, 카드를 1장만이라고 말한 스가 씨에게는 오랜 사서생활로부터 온 직감이 작용했던 것이 틀림없었다. 이 한 장의 카드가 후에 크게 도움이 되었다.

일판이나 동판 등 유통경로에 해당되지 않는 출판물, 예를 들면 관공서 간행물이나 지방출판물, 고서나 자비 출판물 등은 우선 입력(데이터화)을 외주로 하여 목록을 정비해가자는 생각이었다. 상당한 수에 달하는 아동서도 그와 같은 것이었다. 입력을 외주하기 위해서는 원고가 되는 데이터 시트에 목록사항을 기재해야 한다. 이것은 불가능할 정도의 작업량이었다. 도움이 된 것이 앞에서 이야기한 목록 카드였다. 스가 씨는 몇 가지 색의 펜을 준비하여 색깔에 따라 저자, 서명, 출판사항 등의 지시를 하고 카드 그 자체를 원고로 아동서 데이터 작성을 전산회사에 위탁하였다.

한 장의 카드를 확보해두자는 착상이 데이터 때문에 신간을 찾는 것이 아니라 질을 중시한 도서수집을 가능하게 한 것이다. 만약 카드를 생각하지 못하고 질만을 추구했다면 분명히 좋은 책은 소장되었겠지만 도서관은 목록이 정리되지 않은 아동서를 상당수 소장하게 되었을 것이다.

도서관에 왜 전문직이 필요한가를 스가 씨의 사례가 잘 말해주고 있다. 보잘것없어 눈에 띄지 않는 에피소드이긴 해도 이러한 일이 도서관 내부에는 많다. 그리고 이 작은 노력이 있기 때문에 카운터 서비스가 꽃을 피우는 것이다. 도서관 업무를 대출작업으로만 보는 사람은 전산기를 사용하는 전문직은 필요 없겠지라든가, 운영을 외부업자에게 위탁할 수 없을까 등을 입에 올린다. 책임 있는 자리의 사람일수록 그러한 생각을 하지만, 사회교육기관으로서의 전문성이 어디에 있을까를 조금 더 주의깊게 찾아보아야 한다. 그것은 결코 어려운 문제는 아니다. 개인으로서 도서관을 이용해보면 된다. 이용해보고 마음속으로 자신이 희망하던 일이 충족되면, 그 원인을 조금 유추해보면 된다. 끌어당긴 실의 끝은 항상 눈에 띄지 않는 사서직원의 손가락에 꽉 잡혀 있는 것을 깨달을 것이다.

작은 도서관과 사회교육과로부터 소관이 옮겨온 이동도서관용으로 사용할 수 있는 책은 적었다. 발주할 책은 다음해 4월부터 시작될 이동도서관용과 5월에 개관될 호리에 분관용을 우선하고 있었다. 또 현 상황에서는 전산도입에 따른 책 장비와 이전부터의 대출이 많은 점에서 서로 달랐기 때문에 낡은 사양으로 일부러 외주를 하는 것도 손실이 많았다.

우선 미정리 도서와 기증받은 문고본을 도서관에서 사용하고 이후 전산에도 사용할 수 있도록 즉 이중장비를 하도록 하였다. 상자에 쌓여 있던 도서를 허둥지둥 분담해 장비하여 사용하도록 한 것이다. 작업지시는 스가 씨에게 부탁했다. 그날 자료선정이 끝나면, 도서정리와 이동도서관 출동이나 아래 카운터 사무도 있었다. 직원들이 환담을 나눌 시간은 없었다.

장서 부족을 채우자는 의미에서도, 시민의 리퀘스트에 답하는 것이 급한 일이었다. 또 현립도서관에 의뢰했으나 달리 방법이 없었다. 협력차 순회 코스에 우라야스를 넣어달라고 부탁했다.

협력차라는 것은 현립도서관이 시립도서관의 요청이 있던 책을 매주 1회, 현의 차로 각 도서관까지 옮겨주는 제도이다. 현에 없는 경우에는 필요하다고 인정되면 살 수 있다. 잘 나오지 않는 책이나 입수하기 힘들어진 도서가 역사가 오래된 현립도서관에 소장되어 있는 경우가 많다. 순회하는 곳에서는 도서뿐만 아니라, 각종 사업이나 운영상의 상담에도 답해준다. 좀더 쉽게 말하자면 현립도서관의 시립도서관에 대한 출장 서비스이다.

현립도서관이 협력차를 운영함으로써 현내 도서관 사정은 크게 바뀌었다. 즉 시립도서관은 도서관과의 연결을 전제로 이용자를 맞이할 수 있게 되었다. 원칙으로는 그전에도 국회도서관이나 현립도서관에서 우송대출을 받을 수 있었으나 우편소포로 싸고, 그것을 부치러 우체국에 가는 수고 때문에 상호대차는 큰 일이 아닌 한 이루어지지 않았다. 협력차는 또한 각 도서관의 정보전달

역할을 하였고, 각 도서관의 집회사업 전단이나 포스터 배포 등에도 편리한 발이 되었다. 이미 제기된 시민 요망의 타 도서관 정보를 얻기 위해서도 협력차의 순회는 필요했다.

기대했던 협력차가 가을부터 순회하게 되었다. 현립도서관에는 10권 문고라고 하여 독서회용으로 동일한 교재를 10권 세트로 대출하는 타이틀이 준비되어 있다. 전화 한번으로 받을 수 있고, 독서회를 위해 1개월 동안 빌릴 수 있다. 리퀘스트 창구가 현재의 도서관과 이동도서관의 부족한 부분을 보충해 다양하게 활성화되는 것이 확실했다.

"도서관에 사람이 늘고 변했네요. 직원들도 표정이 밝아졌구요."

그런 목소리를 여기저기서 듣게 되었다. 읽고 싶은 책이 있는데 현립도서관에서 가져올 수 없을까 하고 부탁하면, 카운터에 있던 노인에게서 마치 야단치는 것 같은 어투로 거절당했다던 이용자 편에서 보면 이런 자그마한 변화라도 큰 기쁨으로 이어진다.

12월도 중반에 접어들 즈음이었다. 비서과에서 한 장의 편지를 도서관에 보내왔다. 시장에게 전달된 도서관에 대한 편지 복사본이었다.

구마가와 시장 앞

음력 12월에 들어서 추위가 심해졌습니다.

시의 도서관 계획을 들은 이래 우리 '이런 도서관을 바라는 모임'은 계획에 기대하면서도, 이용자의 소리를 들어주었으면 하고 작년부터 행정담당분들과 여러 차례 이야기하였습니다.

금년 초에는 서명을 모아 의회에도 상정하였습니다.

덕분에 시장님을 시작으로 행정분야 여러 분들의 노력으로 모든 면에서 보다 좋은 도서관이 되어가는 것을 피부로 느끼고 있습니다.

우리들의 가장 큰 희망이었던 전문직 관장의 취임, 그 이후 사서 증원, 어린이 도서 전문사서 채용, 도서 리퀘스트제, 각 문고 배본, 독서회 배본 등 현재 도서관 서비스가 계속 좋아져 이용하기 쉽게 되었습니다.
또한 행사도 어린이 도서 강연회, 저자와의 만남같이 매력 있는 것을 해왔습니다.
중앙관의 대단한 계획과 분관, 대형 이동도서관의 범시적인 서비스 계획도 그리 멀지 않은 현실적인 이야기로 우리들도 놀랄 만한 속도로 '저거야, 저거'라는 사이에 실현시켜준 것에 대해 회원 모두 마음으로부터 기쁘게 생각하고 있습니다. 우라야스의 힘있는 숨결을 느낄 수 있었습니다.
하루라도 빨리 중앙관, 분관이 열려 이용할 수 있기를 기대합니다. 도서관 활동이 원활히 이루어질 수 있도록 우리들도 협력을 아끼지 않을 작정입니다.
지금부터 도서관 및 행정업무를 기대하며 지켜볼 예정입니다.
앞으로도 잘 부탁드립니다.

1981년 12월 10일
'이런 도서관을 바라는 모임' 미타니 기미

나는 편지를 읽으면서 얼굴이 뜨거워지는 것을 억누르기가 힘들었다. 하길 잘했다고 생각했다. 예산이 없고 일손도 부족하고 그만둘 이유는 충분했다. 그러나 도서관인으로서 부끄러웠기 때문에 무리를 해서라도 해왔다. 나는 그에 대한 보답이라고 생각했다. 나는 편지를 직원들에게 돌렸다. 아무 말도 하지 않고 돌렸다. 무슨 말이라도 하게 되면 눈물이 날 것 같았기 때문이었다. 우리들에게는 말 한마디 없이 시장에게 편지를 써준 것에서 미타니 씨의 깊은 배려가 담겨 있음을 느꼈다.

우라야스에 와서 좋은 사람들과 만났다고 생각했다. 좋은 사람들에게 은혜를 받아 사업은 순조롭게 진행되었다고 생각했다.

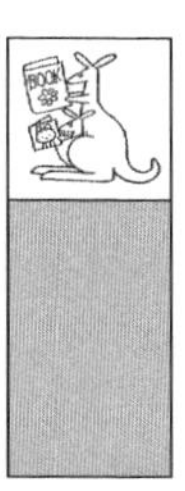

3
언제나, 어디서나, 누구나

도서관 만들기 제1탄—이동도서관 차 달리다

도면에서 차 색깔까지 자세히 연구하고, 제작과정에서는 두 사람이 여러 차례 공장에 가서 확인한 '와카쿠사 호'가 드디어 완성되었다. 사이토, 혼다 두 사람은 마치 갖고 싶어해서는 안 될 비싼 장난감을 손에 넣은 소년 같았다. 차에서 내렸다 탔다 하며 둘러보고 있었다. 우리는 이 차의 완성이 기뻤다. 우라야스 도서관 계획에서 이동도서관과 옛날 도서관을 언제 어떤 방법으로 개선해 갈 것인가가 남아 있었다. 사회교육과 나리타 계장은 1981년도 당초 예산요구에 이를 제출했지만 수용되지 않았다. 계획에서 남겨져 있던 것 중 하나가 해결되었다. 오래된 이동도서관 차를 운행시키지 않고, 정류장 설치요망을 자치회를 통해 정리해 올려 그것을 제시한 작전이 효과가 있었다.

전체 도서관 건설에 앞서 우라야스에서 새로운 이동도서관 차를 갖추는 것은 도박이라 할 만한 과제였다. 8개 자치회의 요망에 부응할 수밖에는 없었다. 사소하고 눈에 띄지 않는 많은 도서관 업무 가운데 누구에게나 잘 보이고 그리고 누구나 알기 쉽고 호감이 가는 것이 이동도서관이다. 시내에서 이동도서관 차가 달리기만 해도 얼마나 도서관 PR이 되는지 모른다. 그림이 되기도 쉽기 때문에 신문도 반드시 사진을 넣어 다룰 것이다.

신문기자들의 관심을 끄는 방법을 가르쳐준 분은, 일찍이 우라야스의 도서관 봉사망과 전산화 계획에 관심을 두고 지면에 다루어준 타운지 ≪이치가와 요미우리≫의 기자 스즈키 씨였다. 스즈키 씨는 우라야스 시민이었기 때문에 옛날 도서관에도 자주 얼굴을 내밀었다. 통신부 기자들은 바쁘기 때문에 취재를 기다리고 있는 것은 소용없다고 한다. 다루어주었으면 하는 기사의 요지를 써서 사진도 첨부하여 각 사 앞으로 이치가와 기자 그룹에게 보내라고 하였다. 나는 그 조언대로 대형 이동도서관이 우라야스 거리를 달리는 내용을 써서 사진과 함께 보냈다. 자치진흥과가 시정소식에 사진을 넣어 '도서관 만들기 제1탄'이라고 크게 다루어주었던 것도 효과적이었다.

1982년을 기다려 이동도서관은 운행을 시작할 예정이었다. 새롭게 편성된 정류장은 시내 전역 16개소, 시역(市域)이 좁아서 그것만으로 충분하였다. 여기에도 우라야스의 이점이 있었다.

순회에 앞서 관계자들이 참석한 이동도서관 기념식이 있었다. 사실상 우라야스 도서관의 첫걸음이었기 때문에 우리들로서도 새로운 이동도서관 차의 시동은 기념하고 싶었다. 그때의 식사에서 시장은 다음과 같이 말하였다.

새 이동도서관의 기념식에 맞춰 한마디 인사 말씀 드리겠습니다. 우리 시의 이동도서관 차 '와카쿠사 호'는 1976년 7월 도요타 다이나 1,800cc 트럭차종을 새롭게 단장하고 약 8백 권의 책을 실어 당시 주민의 강한 희망에 답하기 위해 생겨났습니다.

이용상황을 보면 1976년 2,400권, 1978년 4,724권, 1980년 9,524권, 그리고 1981년에는 12,372권이 대출되어 급증해왔습니다.

또 이동도서관 차의 주차를 바라는 소리도 해마다 높아져 1981년 6개 정류장 외에 자치회의 스테이션 설치요청이 밀려들고 있습니다.

그렇지만 이들의 요망에 부응하기에는 종래의 이동도서관 차는 책의 적재량도 적고 또 장서도 부족하기 때문에 서둘러 조건정비를 도모할 필요가 있었습니다.

시에서는 안내대로 올 10월 말 완성을 목표로 (가칭) 우라야스 시 중앙도서관을 건설하고 있습니다. 또 작년 개관한 호리에 공민관 도서실도 5월 7일부터 문을 열었습니다. 더불어 8월 1일에는 현 도서관도 보수공사를 마쳐 다시 개관하고 내년 초에는 도미오카 공민관 내에 도서실을 배치하는 등 도서관 서비스망의 정비가 급속히 진행되고 있습니다. 그러나 각각의 시설이 정리되려면 약간의 시간이 걸리고 지역에 따라서는 그래도 아직 시설이 멀어 사용하기 불편하다는 소리도 나오고 있다고 알고 있습니다.

도서관 정비를 바라는 말로서 '언제나, 어디서나, 누구나'라는 표어가 있다고 익히 알고 있습니다. 이 '언제나, 어디서나, 누구나'를 실현하기 위한 강력한 수단 중 하나가 본격적인 장비와 장서가 갖추어진 이동도서관 차의 운행입니다. 시에 생긴 이번 새로운 이동도서관 차의 완성으로 처음으로 시 전체를 망라하는 도서관 서비스 네트워크를 실현하게 된 것이라고 생각합니다.

이동도서관 차에는 사무노동력을 덜고, 스피드화를 도모하여 시민서비스를 높이기 위해 전산단말기 3210을 탑재하고 있습니다. 도서대출, 반납 등의 처리는 모두 이 단말기에 의해 이루어집니다. 중앙도서관이 완성되면 오피스 컴퓨터 본체가 설치되고 각 분관과는 온라인 시스템으로 연결되어 전시적인 전산 서비스가 시작될 것입니다. 이동도서관 차의 단말기 서비스 개시는 전산 시스템의 제1보가 될 것입니다.

인구증가가 뚜렷한 우라야스는 교육·문화의 충실이 요구되고 있기 때문에, 교육·문화시설의 중추라 할 수 있는 도서관이 앞으로 시민생활에서 해야 할 역할의 중요성은 헤아릴 수 없습니다. 앞으로 우라야스를 담당할 어린이들는 물론이고 고령화 사회에 대응하는 시설로서도 도서관에 대한 기대는 해마다 높아지고 있습니다.

시는 중앙도서관을 시작으로 하는 도서관 시설의 정비도 이러한 요청에 정확하게 충분히 부응하지 않으면 안 됩니다. 오늘, 교육위원회에서 이관한 새 와카쿠사 호가 새로운 도서관 만들기의 선두로서, 갖고 있는 기능을 충분히 발휘하여 시민의 요청에 부응해줄 수 있기를 염원하는 것을 식사로 대신하겠습니다.

1982년 4월 6일

우라야스 시장 구마가와 요시오

시운전을 겸해서 사이토, 혼다 두 사람과 현립도서관을 방문해보기로 했다. 사카이자와 관장을 대신하여 오이와 요시아키 관장이 오래 이동도서관을 담당해온 사람이었기 때문에, 보고를 겸하여 봐주었으면 했던 것이다.

후지가와 씨에게도 새로운 와카쿠사 호를 보여주고 싶었다. 사이토 씨과 혼다 씨 둘이 처음으로 한 일이기 때문이었다.

순회 시작과 동시에 신문이 우라야스의 이동도서관을 자세히 알려주었다. 각 정류장이 이용자로 넘쳤다. 이날을 위해 보정예산으로 구입한 1만 권의 책을 차례차례 선반에 쌓아 순회에 나갔지만, 한 정류장 대출이 끝나면 선반은 텅텅 비었다. 그때까지 사용해온 오래된 이동도서관 차에 다음 정류장용 책을 쌓아서 와카쿠사 호를 따라오게 했다. 짐 싣는 일이 끝나면 또 도서관에 책을 가지러 갔다가 되돌아왔다. 문자 그대로 피스톤 수송(두 지점을 왕복하며 쉬지 않고 물건을 수송함)이었다. 정류장마다 사람들이 몰려왔다. 어린아이를 안거나 손을 잡은 젊은 어머니들이 대부분이었다. 우리들이 당황할 정도로 책이 대출되어 나갔다. 처음으로 탑재한 전산단말기의 라이트펜 소리가 그치지 않을 정도였다.

4월을 맞아 여자 한 명을 포함해 8명이 증원되었다. 대출은 6, 7명이 담당했다. 아무리 사람을 투입해도 손이 남는 일은 없었다. 순회를 알리는 소리가 주택단지의 사람들에게 들리는지도 걱정스러웠다. 50cc 바이크(발동기를 단 자전거)를 타고 와카쿠사 호에서 붙었다 떨어졌다 하면서 스피커의 효과를 측정해보기도 했다.이 대출상황을 시장과 지방공무원, 교육장에게도 보여주고 싶었다.

시장은 7월 23일을 할애해주었다. 장마가 갠 무더운 날이었다. 정류장은 도미오카 분관이 생겼기 때문에 현재는 폐지된 고층아파트 중앙에 있는 공원이었다. 가장 이용이 높은 정류장이었다. 차에는 내외의 서가를 합치면 2,800권, 플라스틱 케이스에 예비책도 준비되어 있으므로 3천 권은 훨씬 넘었지만 대략 1시간 정도의 전쟁 같은 대출시간이 지나자 대부분의 책이 없어졌다. 1천5백 권 정도 대출된 것이다. 다만 두번째부터는 전번의 것이 반납되기 때문에 낡은 이동도서관 차로 하는 피스톤 수송은 제법 손쉬워졌다.

몹시 무더운 날씨 속에서, 단말기의 라이트펜을 잡고 테이블에 선 시장과 공무원 앞에, 어린애를 데리고 온 어머니들의 줄이 생겼다. 자기와 아이와 거기에 남편 것도 있는지 알 수 없다. 대부분의 사람이 10권 이상의 책을 겨드랑이에 끼고 있었다. 옆의 어린이는 더 이상 기다릴 수 없어 그림책을 펼치고 있었다. 뒤에서 뒤에서 사람이 모여들어 줄은 끊이지 않았다. 시장은 손을 쉴 수 없었지만, 한 사람 한 사람에게 가볍게 말을 걸고 있었다. 줄 안에는 이 아파트에 사는 미타니 씨의 얼굴도 보였다.

공무원, 교육장이 돌아가고 나서도 시장은 와카쿠사 호에서 떠나지 않았다. 문화회관을 비롯해 도서관과 공민관 등 교육·문화시설에 정력적으로 몰두해온 하나의 성과를, 그리고 두말할 필요 없는 필요성을 시장은 그때 와카쿠사 호 이용자를 맞으면서 느꼈던 것은 아닐까 생각한다. 시장은 우라야스에서 태어나 우라야스에서 자란 사람이다. 어촌이었던 우라야스의 기억도 희미해지지 않았을 것이고, 그곳에 살았던 사람들의 기질도 다 알고 있었을 것이다. 그러므로 머리 속에는 우라야스 사람이 그렇게 책을 읽을리 없다는 생각이 있었다고 해도 이상한 일은 아니다.

그러나 눈앞에서 벌어진 광경은 그것을 보기 좋게 뒤집었다. 그것은 시장에게 하나의 문화충격이었을지도 모른다. 그해 2월 가나가와 공무원 대신 새로 취임한 스즈키 공무원—인구 10만이 채 안되는 우라야스 도서관의 신년 예산에서 도서비가 1억을 넘는 것에 납득이 가지 않는다고 말했다—에게도, 도서관 건설을 위해 커다란 노력을 펴온 오와쿠 교육장 자신에게조차, 와카쿠사 호의 이 광경은 충격을 주었을 거라고 나는 생각하고 있었다.

이날 청사에 와서도 시장이 대단히 기분이 좋았다고 나가노 비서과장을 통해 들었는데, 우라야스 시립도서관이 오늘에 이르는 계기가 아니었나 생각한다. 완성된 것을 뒤에서 소급하여 좇아가보면, 모두가 도달점에 이를 필연성으로 성립된 것처럼 보이지만 실제는 그렇지 않다. 매사의 필연적인 흐름은 확실히 있을 테지만 그때그때 사람이 무엇을 보고, 무엇을 생각했는가가 도달점에 이르는 과정을, 그리고 결국은 도달점을 크게 바꾸었다고 나는 생각한다. 우라야스의 도서관 만들기에서는 이동도서관이 그 여세를 만들었다. 우리들이 생각했던 이상으로 그것은 높은 도약이었다.

도서관 만들기를 이동도서관 차에서 시작한 것은 히노 시와 다마 시의 뛰어난 실천에서 배운 것이다. 그 방법은 우라야스에서도 적중했고, 도서관은 이제 사람들의 불만 덩어리가 되지는 않았다. 원인을 살펴보면 현립도서관에서 빌린 중고 3천 권이다. 3천 권을 얻음으로써 자치회문고의 요구에 응할 수 있었고, 이동도서관 보정예산을 요구하는 근거가 된 것이다. 결국은 책을 빌려 준 현립도서관 사람들에게 감사하다고 생각했다. 그리고 이때도 또, 하길 잘했다는 기쁨이 있었다.

호리에 분관이 생기다 — 공민관 도서실

이동도서관 차의 대출기록은 탑재해간 작은 컴퓨터 단말기에 넣고 순회가 끝나면 호리에 공민관 도서실(머지않아 시립도서관 호리에 분관이 된다)에 설치한 오프컴 본체 기록장치에 옮긴다.

1백만 권까지 도서 데이터 수용능력을 가진 '라이브러리안 K7'이라는 전산기 본체가 완공된 호리에 공민관 도서실에 이미 들어와 있었다.

건물완성과 함께 분관 개관준비가 착착 진행되고 있었다. 서가 설치가 끝나기를 기다려 소학교 빈 교실에 두었던 분관용 책을 반입하였다. 책이 서가에 차츰차츰 들어서면서 휑한 실내의 서가가 갑자기 생기 있게 변하고 있었다.

서가와 카운터는 생각했던 대로 야마구치 목공제품을 마루젠에서 구입할 수 있었다. 공사가 진행되고 있는 중앙도서관의 벽면서가는 본체공사에 포함되었고, 중앙도서관이 야마구치 목공제품을 지정했다는 이유로 공민관을 담당하고 있는 건축과의 모리모토 씨에게 분관의 벽면서가도 같은 제품으로 할 필요성이 있다고 설명하였다. 모리모토 씨는 이쪽의 생각을 받아들여주었다. 이렇게 되면 나중에 들어오는 서가와 카운터 등을 벽면과 같은 제품으로 하자는 주장은 통하기 아주 쉬워진다. 앞에 서술한 제품 지정의 이유와 함께 재정과에 설명했다. 그러나 문제는 공사비를 유용하고서도 여전히 남는 부족액 2백만 엔을 어떻게 할 것인가였다.

나는 마루젠에서 우라야스를 담당하고 있는 야마구치 스스무 씨를 설득하여, 결국 그 예산으로 비품을 구입하기에 이르렀다. 몹시 강인한 사람이라고 생각했을 것이다. 그러나 여기서 그렇게 해두지 않으면, 중앙관과 도미오카 분관에 영향이 있다. "남는 게 하나도 없어요"라고 했지만, 그 말은 당시 야마구치 씨의 버릇이었다. 사실 호리에 분관의 일만을 보면, 야마구치 씨는 채산을 도외시한 완전 적자장사를 해주고 있었다.

우라야스 도서관에 전산을 납품한 일본 메모렉스 사의 사토 게이지 씨, 야마구치 씨, 그리고 설계의 고미야 씨, 사가이 씨와 중요한 부분을 담당한 각각의 업자들이 모두 성실한, 업무에 열심인 사람이었다는 점은 정말 기분이 좋았고, 또 우라야스 도서관으로서도 커다란 수확이었다.

뭐니뭐니 해도 도쿄에 가깝다는 것, 그 지방에서 전혀 사례가 없던 계획으로 도서관이 만들어지고 있고 이 도서관 만들기에 참가한다면 자기 회사의 '쇼룸'을 가지는 것과 마찬가지일 것이라는 생각, 그것을 위해 그들이 열심이었던 것도 사실이다. 그러나 그것만은 아니었다. 좋은 선례를 남기려고 노력했다는 것을 일을 함께 한 나와 스가 씨를 비롯해 직원들을 통해 잘 알 수 있었다.

도서관에서 일하는 사람은 출입업자를 비교적 중요하게 생각한다. 사람을 턱으로 부릴 정도로 도서관이 재력을 가지지 못한 것도 하나의 원인이지만, 특수한 일인 만큼 업무방식에 신용이 있다면 자신과 일을 나누고 있다는 의식이 생겨나기 때문이다. 아마 일종의 동료의식이라고 할까.

한 자치단체의 도서관 시설 전체에 자신이 취급하는 제품을 납품할 수 있을지도 모른다. 우라야스에 자신의 업적이 남을지도 모른다. 그런 생각이 지방 출신의 순박한 야마구치 씨로 하여금 일에 몰두하게 했을 것이다. 직원 이상으로 야마구치 씨와 사토 씨가 한동안 우라야스 도서관에 열중했던 것은 사실이었다. 설계를 맡은 고미야 씨, 사가이 씨도 그렇다. 나는 지금도 이 사람들을 보이지 않는 공로자라고 생각하고 있다.

호리에 분관의 면적은 240㎡이다. 나중에 생긴 도미오카 분관도, 그리고 1985년 7월 개관 예정인 중앙공민관 도서실도 같은 면적을 확보하고 있다. 결국 우라야스에는 공민관 도서실이 어디든 240㎡의 면적에, 장서는 대출분을 포함하여 3만5천 권의 수용능력으로 계획이 진행되고 있었다. 앞에서 서술한 대로 운영상은 도서관 분관이었다. 분관에는 전임 도서관 직원이 각각 2명씩 배치되고(교육위원회 규칙에서 '분관은 도서관 직원이 운영한다'라고 명기하고 있다) 직무의 명령계통은 도서관장 아래에 있다. 우라야스 공민관 도서실의 이러한 시스템은 지바 현 내의 상황에서 보면 대단히 정비되고 한층 진보된 것이라고 말할 수 있을 것이다.

예를 들어 현내 공민관 도서실 면적의 평균치를 조사해보면, 63.9㎡로 소학교 교실 하나의 면적에도 미치지 못하는 실정이었다. 이러한 실태는 전국적으로 보아도 비슷하거나 혹은 그 이하일 것이었다. 도서관이 없는 자치단체와 있어도 멀어서 사용하지 못하는 지역에서는 공민관 도서실이 도서관의 역할을 담당하고 있었다. 그러나 이 정도의 방에 수용할 수 있는 책은 대략 5～6천 권이 한도였다. 좁은 도서실에 큰 학습 책상이 놓여 있기 때문에, 실제로는 벽 주위의 서가에 그것도 오래된 책이 늘어서 있는 정도여서 그 수는 더욱 줄어든다. 일반인들이 들러서 흥미있는 책을 만나기 위해서는 최소한 2만 권의 비교적 새로운 책이 서가에 갖추어져 있어야 한다고 흔히 말하지만 공민관 도서실의 실제 면적으로는 처음부터 불가능한 것이었다. 그렇다면 결단을 내려 책상을 걷어치우고 최대한 어린이를 위해서만 책을 갖춘다든가 성인

대출에 목표를 맞춘다든가, 적어도 생각을 폭넓게 하면 좋겠는데 그러한 방안을 강구하는 도서실도 거의 없었다.

10년 전이나 20년 전 이야기가 아니다. 대체로 공민관 도서실이 끊임없이 생겨나고 있는 것 자체가 문제이지만, 변함없이 그런 상황은 계속되고 있었다. 최대의 이유는 건설계획을 진행하고 있는 교육위원회 내부에, 특히 사회교육과 내 공민관과 도서관 사이에 상호 이해가 부족해서가 아닐까 하고 생각하지 않을 수 없었다. 공민관측에서는 시설건설은 사회교육과의 일로 미루지는 않았는지, 그리고 도서관이 없는 지역에서는 도서실을 도서관 입장에서 보는 의견이 없었다는 사정도 그 이유가 되는 것 같다.

준비단계에 있을 때 우라야스에서는, '떡은 떡집에'라고 교육장이 자주 말한 것처럼, 시설을 운영해가는 사람이 구체적 의견을 내서 계획에 협력하지 않으면 시설이 완성될 리 없었다. 계획을 추진하는 사회교육과에서도 겸허하게 '떡집'의 의견에 귀를 기울이지 않으면 곤란했다. 예를 들면 공민관 도서실에 대해서 도서관장이 의견을 말하면, '도서관을 짓는 것이 아니라 공민관을 건설하기 때문' 등이라고 반론도 아닌 말투로, 모처럼의 의견을 무시해버리는 경우도 종종 있었다. 그런 괴로움을 당했던 경험이 있는 도서관장은 적지 않을 것이다.

이른바 공민관과 도서관의 현장의 소리를 얻기 힘든 경우, 담당자는 모든 수단을 강구하여 지식을 얻도록 노력해야 한다. 현의 사회교육과와 현립도서관 등에 가서 이용대상 인구에 맞는 도서실의 필요 공간을 상담하는 것도 한 방법이고, 일본도서관협회의 시설위원회에 연락을 해볼 수도 있다. 진지하게 생각해보면 길은 반드시 있는데, 노력을 하지 않고 이렇다 할 근거도 없이, 손쉬운 예 한두 개를 들어 도서실 면적이 결정되었다. 그런데 선례가 된 공민관 도서실이 지금까지와 같은 과정을 거쳐 생겨났다. 게다가

이 도서실은 너무 좁아서 분관과 분실의 일조차도 할 수 없어 도서관 봉사망을 그 근처 도서관측에서 구하고 있었다. 그런 경우를 전례로 삼아 새로운 공민관 도서실이 생겨나고 있는 것이다. 이런 실태는 지바 현의 신흥지역에서 실제로 일어났다.

도서관은 사회교육을 추진하기 위한 하나의 기관으로 사회교육의 전체는 아니지만 공민관 도서실이라는 작은 표준에 비추어 보아도, 교육위원회 내 사회교육 비중이 거의 없다는 것을 깨달았다. 대도시 근교의 인구급증 지역에서는 교육위원회 업무량의 60% 정도를 사회교육과에서 맡고 있음에도 불구하고 그 중추에 있는 인재는 교장으로 영전하기 전 교감 경험자가 담당하고 있었다. 어느 자치단체나 그랬다. 학교교육 분야에서 인재를 구할 수밖에 없었다. 그리고 또 실제로 손발이 되어 움직이는 직원이 행정사무원으로서 인사이동의 대상이 되어 일하고 있었다. 사회교육상 전문적인 의견과 경험을 축적하는 것이 무리일지도 모르지만 교육수준이 높고 학습의욕이 왕성한 신흥지역 주민의 실망을 산 것도 눈에 보이는 이야기이다.

학교교육은 100년 이상의 역사가 있고, 사회교육은 일천하여 아직 인재가 길러지지 않았다고 할 수 있을 것이다. 그러나 2차대전이 끝나고 40년이 지나고 있다. 40년은 확실한 역사이다. 사회교육 비중이 성장할 수 있는 행정조직이 정비되지 않았기 때문이다. 학교현장에 교사가 많은 것처럼 도서관·공민관·박물관·미술관·체육관 등의 기관에서 일하는 사람들 중에서 사회교육 행정을 담당할 수 있는 인재가 길러져야만 한다. 사회교육 현장에서 성장한 사람의 시야와 경험을 바탕으로 사회교육 행정은 학교교육과 함께 차의 양 바퀴가 될 수 있을 것이다. 그런 행정조직이 어느 자치단체에서나 확립되어야 한다는 것을 나는 통감했다.

우라야스 공민관 도서실이 분관이 되고, 중앙관의 개관을 기다려 본관·분관 시스템에 편입되어 그 전체가 우라야스 시립도서관이 된다는 것은, 앞에서 이미 여러 번 언급했지만 현내 공민관 도서실과 도서관의 관계를 보면 우라야스와 같이 시스템화되지 않는 경우도 눈에 띈다.

지바 현에 있는 어느 자치단체 예를 인용하자.

A시에서는 최근 서지검색이 가능한 컴퓨터 서비스를 갖춘 도서관이 탄생했다. 전문직 관장이 준비실 시기부터 취임해서, 풍부한 경험과 노력을 들이기도 했고, 시민의 이용도 빈번하여 도서관은 순조롭게 성장하고 있었다. 이것은 정말로 기쁘지만, A시에서는 도서관에 앞서서 공민관 도서실이 오랫동안 도서관 업무를 수행해왔기 때문에 도서관과 거의 같은 시기에 완성된 두 개의 공민관 도서실(역시 너무 좁았다)을 합해, 세 개의 공민관 도서실이 도서관과는 연결되지 않고 별개로 운영되고 있다.

도서실의 운영권한을 잃으면 공민관의 존재이유가 약해진다는 편협한 사고 때문인지는 알 수 없지만, 난처한 것은 A시의 시민이었다. 현의 평균을 겨우 만족시킬 정도의 도서실에 6천 권 정도의 책을 두고 있었다. 시민이 이 정도의 범위에서는 원하는 책을 찾을 수 없기 때문에, 이용도 바로 막바지가 되는 것은 명백한 일이었다.

본관과 분관의 관계로 공민관 도서실이 도서관과 연결되면, 책의 출구와 입구, 장서 회로가 생겨, 5～6천 권의 수용능력으로도 운영의 묘로 그 몇 배의 장서효과를 낳는다. 그러나 방의 협소함은 더욱 치명적인 문제를 남길 것이다. 100㎡ 미만의 방에서 분관 능력을 유지하면, 이용이 증가함에 따라 반드시 책이 적다는 소리가 나온다.

현실을 타개하기 위해서는 본관·분관의 네트워크화를 도모할 수밖에는 방법이 없지만, 근본적으로는 문제가 해결되지 않는다. 앞에서 말한 바와 같이 도서실이 지나치게 좁기 때문에 네트워크의 대상으로 삼지도 않으며 개별 거점을 공민관 근처에 상정할 수 없는 잘못을 A시도 머지 않아 범할 것이다.

책을 찾는 시민의 입장에서 생각해도, 도서관과 연결된 운영이 도모되지 않으면 곤란하다. 우라야스의 경우, 중앙관 완성 후 본관과 분관의 전 장서를 어느 도서관 시설에서도 찾아낼 수 있게 되었다는 것은 MARC의 도입부분에서 서술했다. 그것을 여기에서 반복하지는 않겠지만 그뿐만이 아니었다. 시내의 도서관 시설이라면 어디서나 빌릴 수 있고, 어디에나 반납할 수 있는 것도 전산을 도입한 도서관의 당연한 서비스로 상식이 되어가는데, A시에서는 그것을 할 수 없다. 네트워크화되지 않았기 때문에 도서관과 도서실은 대출방식도 다르기 때문이다. 시내 전 장서의 종합목록과 실시간 검색 등은 바랄 수도 없다. 독서상담과 레퍼런스 등에 대한 대응도 도서관 직원이 없기 때문에 할 수 없다. 왜 A시의 공민관 사람들은 도서관과의 네트워크화를 주저하는지 이해할 수 없다. 도서실을 담당하는 인원문제 등을 볼 때 오히려 공민관측이 열심히 그 방법을 찾아야 하는 것이 아닐까?

호리에 분관은 공민관 2층에 있다. 이 점만큼은 후회가 남는다. 우라야스에 부임한 시기에는 이미 도면이 정해져 있었다. 담당한 사회교육과의 오리토 씨에게서 설명을 듣고(그도 1층 도서실을 주장하였지만) 바로 교육장실을 방문하였지만, 이것만큼은 바뀌지 않았다. 우라야스에 도서관 시설이라면 옛날 도서관으로 저것이 도서관이구나 하고 생각하는 사람들에게, 도서관은 일상적으로 이용하는 시민이 반복적으로 오는 곳이고 아이들의 이용도 많다. 그러므로 1층이 아니면 곤란하다고 말할 수 없었는지도 모른다.

예를 들어 1층을 강당으로 하면 투표장과 유아검진 그외, 여러 가지 집회에 편리하다는 의견 앞에서는 설득력이 없었는지도 모른다. 실질적인 의미의 도서관이 존재하지 않았던 약점 때문이었을 것이다.

사람이 많이 모이는 장소는 1층이 좋다고 생각하는 것은 무리가 아니지만, 일 년을 기준으로 보면 그리 많지는 않다. 반대로 도서관에는 일 년 내내 쉴틈없이 사람이 온다. 그 대부분이 아이들이다. 1층이 아니면 공민관에서도 곤란하고, 도서실 왕복 때마다 상당한 소음, 건물의 오염이 생기기 때문이다.

호리에 공민관에서도 개관 후 그 문제가 일어났다. 조리실과 회의실 앞 복도를 질러 달리는 아이가 많았다. 도서실 이용 전후, 밖에 있는 아이들을 쫓아가서 목소리를 낮추어 이야기하듯이 주의를 줄 수는 없었다. 1층에 있으면 이런 것은 미연에 막을 수 있었다. 1층 홀을 닫고 있는 날이 도서실을 운영하는 사람에게는 눈에 띄어서는 안되기 때문이다.

그 후에 세운 도미오카 분관, 중앙공민관 도서실은 다행히 1층이 되었다. 공민관 건설담당자의 의견도 필요 없었는데, 도서관 활동이 자리잡은 후에는 그러한 어려움 없이도 실현된 것이다. 역시 시민에게 지지받는 시설은 강하다.

호리에 분관의 개관은 공민관보다 대략 한 달 늦었지만, 공민관 완성 축하일에는 외관상 정돈되어 있었다.

이동도서관에 이어 우라야스의 도서관 만들기 제2탄으로, 시설로서는 최초의 새 도서관이었다. 2층 남측 전면이 약간 높은 창으로 되어 있기 때문에 채광이 충분하고, 방도 실제보다는 더욱 넓어 보였다. 면적만으로 말하자면 이 한 도서관만으로도 충분히 정립도서관 규모이다. 공민관 가운데 여기만큼은 바닥이 나무로 마무리되었다. 바닥과 목제 카운터 그리고 서가가 딱 맞아들어 밝고 조용한 좋은 분위기가 만들어졌다. 그곳에 한 발 들어서면 왠지 안정감이 느껴지던, 히노 시립도서관에 갈 때마다 느껴지던 그 독특한, 도서관에 있으면 부드러운 마음이 되어가는 느낌, 그것이 지금 호리에 분관에 있으면 느껴졌다. 우라야스에 와서 1년 만에 겨우 느끼는 것이었다. 고생했던 카운터와 서가는 견학자에게서도 좋은 평가를 받았다.

나는 축하회장을 나와서 혼자 다시 도서실로 왔다. 연회장에서 마신 맥주 때문에 약간 감상적이 되었는지도 모른다. 소파에 몸을 눕히고 몇 번이나 방 중앙을 둘러보았다. 아무리 보아도 싫지 않았다. 가구가, 카운터와 서가의 나뭇결이 사랑스러워 일어서서 그것을 어루만지고 싶은 생각이 드는 걸 어쩔 수 없었다.

1982년 5월 7일 호리에 분관이 개관했다. 4월에 총무과에서 옮겨 온 사서인 가미야마 준코 씨(가미야마 씨는 나중에 사이토 씨와 결혼했다)와 4월에 새로 졸업한 키 큰 이타바 시 에이치 군이 분관 운영을 담당하게 되었다.

개관을 얼마 앞둔 어느 날, 우리는 분관권 내 가정에 개관 소식지를 넣으러 갔다. 이지마 쥬니치 씨, 이즈미사와 쇼이치 씨, 새로 졸업한 모두는 묵묵히 일했다. 소식지를 각각으로 나누는 내가 판매점 주인이라면, 그것을 겨드랑이에 끼고 담당구역으로 흩어져간 그들은 신문배달 소년들이었다. 나도 한 구역을 맡아 늦게까지 소식지 돌리기에 나섰다.

호리에 분관의 개관을 맞아 그날, 구 도서관은 휴관했다. 보수공사를 위해서였다. 우선 낡은 바닥을 걷어내고 바닥에 리놀륨을 붙이고, 은행 흔적인 카운터를 없애고 서가를 늘리고, 벽에 덧칠을 하고, 부식한 창틀을 바꿔 빗물의 누수를 막고, 또 천장에서 늘어뜨려진 형광등을 더 늘여 아래까지 내려오게 할 필요도 있었다. 기구도 교환해야 했다. 호리에 분관의 목제 서가에 예산을 써버린 방수공사도 이번에는 해야 했고, 정면의 문과 현관도 최소한은 수리해야 했다. 근처에 세운 중앙공민관이 개축되어 호리에 분관같이 도서관이 들어설 때까지 2~3년간은 이 건물을 사용해야 했다. 중앙관의 완성 후는 여기가 당분간 네코자네 분관이 된다. 공사는 분관 기능을 맡기에 필요한 최소한도로 세워져야 하지만, 우리는 보수 후 찾아온 사람들에게서 몰라볼 정도라는 말을 듣고 싶었다.

금고실 자리는 아동실로 적당했는데, 스가 씨의 의견에 따라 금방 몰라볼 정도로 꾸며졌다. 마루에 카펫을 깔고 아이들이 좋아할 만한 벽지로 바꾸어 붙이고, 한가운데 황색 쿠션을 두어, 주위의 낮은 서가에 꽂힌 책을 빙 둘러볼 수 있게 했다. 스틸 서가에는 목제 측판(側板)을 붙였다. 그 정도의 작업만으로도 좁은 방이 환해지고 서가가 살아났다. 결국 크게 사야 할 물건은 중앙공민관 완성 후에 쓰일 카운터 구입 정도로 줄일 수 있었다.

2층 준비실은 전혀 손을 대지 않았기 때문에 변함없이 폐실로 남아 있었다. 이미 시작된 공사의 소음을 끊임없이 들으면서, 우리들은 여전히 앞을 가로막고 있는 일더미를 무너뜨리고 있었다. 늦어도 어린이의 이용이 많은 여름방학 전에 보수를 마쳐 개관하고 싶었다. 그것이 우리 모두의 생각이었다.

4월의 증원으로, 봉사계장 스가 씨와 함께 서무계장 자리가 생겼다. 교통공원에서 계장을 하고 있던 요시노 씨가 지바 경제단대 야간에서 사서과정을 이수하고 있다고, 주임교수인 나쓰카데 이쓰아키 선생이 소개를 해주었다. 사서자격 취득과 함께 요시노 씨를 도서관에 오도록 할 수 있다. 사무계에서 커온 나로서는 도서관에 서무계장이 있다는 것이 든든하였다. 나는 말 그대로 좌우의 어깨를 가진 셈이었는데, 이를 가능하게 한 것은 하시즈메 부장이었다. 행정조직의 간소화와 효율화를 중요한 과제로 하고 있어 거기에서 오는 위압감이 있었지만, 시종일관 도서관의 성과를 지켜본 사람이었다.

중앙도서관 건설과정에서

공공기관의 부과장으로 조직된 친목회에서 여름 뱃놀이를 한 일이 있었다.

일찍이 야마모토 슈고로가 살았고, 『아오베카 이야기』 속에서 '조키 어시장'이라 불리는 주변에는 지금도 선박운송업을 하는 집이 몇 채 있다. '요시노야' 앞을 지나다 보면 흰 면바지를 입고 새 타월을 머리에 두른 마음씨 좋은, 지금은 아저씨이지만 '몸집만 큰 소년'의 모습을 볼 수도 있었다. '손라이'라는 선박운송업집도 그 근처에 있다. 비서과 계장의 집이다. 마실 것과 튀김재료를 넣은 짐을 싣고, 두 척의 배가 출발했다.

에도가와 하구를 약간 내려와 해변도로의 철교를 빠져나오자 곧 바다였다. 옅은 녹색 물이 퍼지는 해면은 물이라기보다 부드러운 것이 굳은 형상이었다. 앞서가는 배가 수면을 깨뜨리며 간다. 파음에 놀란 것일까, 계속 숭어가 뛰어올랐다. 앞서가는 배에 선 뱃사공은 감색 바지에 한텐(袢纏)을 입고 가는 허리띠 같은 것을 매고 있다. 한 손으로는 바다 속에 넣은 그물의 끝을 잡고 한 손으로 그물의 앞머리를 누르면서 흔들리는 순간을 살피고 있다. 흰 그물이 커다란 꽃송이를 그리며 해면에 떨어진다. 그물 끝의 끈을 들여보내는 것처럼 하면서 천천히 그것을 끌어당겨주었다. 그물이 무겁다. 갑자기 부풀어올라 흔들린다. 고기가 걸렸던 것이다.

숭어, 농어, 전어도 있다. 그물은 몇 번이나 흔들렸다. 순간 나타났다 사라져가는 흰 그물은 불꽃 같았다. 그릇에는 그물에 걸렸던 고기가 점점 늘어나고 있다.

저녁 바다에 선 뱃사공, 그리고 수면에 떨어져 있는 그물, 나는 시간을 잊고 옛 시대의 한 장면을 마주하고 있다. 저물기를 기다려 후미 안에 배 두 척을 정박하고 연회가 시작되었다. 고기는 바로 얇게 토막쳐져서 얼음 위에 수북이 담겨 탁자에 올라왔다. 양태와 보리멸 튀김이 나왔다. 맥주도 계속 나왔다. 갈매기 무리가 저녁 하늘 가득했다. 튀김기름 냄새가 새들을 불렀을까? 먹이를 조르듯이 울면서 머리 위 아슬아슬한 곳까지 날아왔다. 먹다 남은 꼬리를 주면 싸우면서 그것을 입에 물었다. 부과장들 누군가가 잠시 동심으로 돌아가 갈매기에게 먹이를 던져주었다.

배 위에 백열전구를 쭉 달고 가라오케가 시작되었다. 마이크를 내놓지 않는 사람도 나왔다. 우라야스 사람들은 친척과 이웃의 교제가 많아서일까. 어느 부과장이나 훌륭한 가락으로 가라오케를 불렀다. 부드러운 담소 중, 배에 약하다던 스즈키 공무원만이 옆 배에서 조용하였다. 나중에 알아챘지만 시장의 모습이 보이지 않았다. 시장의 모습을 쫓아가보았더니 아까 그 뱃머리 쪽에서 쭈그리고 앉아 식사를 하는 뱃사공들 옆에 있었다. 화제가 재미있는지 웃는 얼굴이 보였다. 부과장들 사이에는 매우 기분좋게 가라오케가 계속되고 있었다.

뱃사공들 사이에 끼어들어 이야기를 하고 있는 시장을 보고 있는 사이, 왜랄 것도 없이 이곳 사람들은 좋겠다는 생각을 했다. 우라야스가 눈에 띄게 변해왔다고는 해도, 에도가와는 바다로 흘러들고 강과 바다로 삼 면이 둘러싸여 있는 우라야스는 옛날 그대로였다. 우라야스에서 태어나, 우라야스의 전통과 풍습 속에서 자란 사람들이 지금 여기서 이야기를 나누며 술잔을 주고받고 있다.

부과장들과 떨어져, 밤의 어둠으로 들어가면서 세상얘기를 하고 있는 시장이 한 사람의 '주민'으로 되돌아온 것 같았다. 이 사람은 우라야스를 사랑하고 있구나 하는 생각이 들었다. 한치의 쉴 틈도 허락되지 않는 낮의 공무를 수행하는 사람의 에너지를 정치가의 수완보다 태어나 자란 지방에 대한 한결같은 애정에서 찾는 편이 어울릴 것이라고 생각했다. 타는 듯한 더위 아래서 이동도서관의 반향을 즐거워한 것과 일맥상통했다. 비싼 아파트와 주택을 사서 이주해온 사람들이 영주 거주지역으로 삼을 수 있을 만한 도시 창조를 바라는 마음도 우라야스에 대한 애정에서 생겨난 것이었다.

'디즈니랜드보다도 우라야스에는 도서관이 있다면', 언젠가 시장이 말한 도서관을 만들고 싶다. 나는 차분한 마음으로 뱃머리 쪽을 계속 바라보았다.

중앙도서관 건축이 진행되었다.

기초공사에 시간이 걸려—우라야스는 지반이 약하기 때문에 지지 말뚝을 50m 정도 박아넣었다. 거기서 시작해야 암반에 닿았다—공사 진척 상황이 외관상 묶여 있는 것 같았지만 지상부분이 세워지기 시작하자 일의 진행은 빨랐다.

사카이 씨 대신 현장사무소에는 곤도 씨라는 설계사가 상주하고 있었다. 주 1회 공정회의가 건축과의 모리모토 씨, 사회교육과 나리타 계장, 그리고 고미야 씨, 건축업자 현장감독 등이 참여하여 현장사무소에서 열렸다.

회의가 끝난 어느 날 고미야 씨의 안내로 헬멧과 장화를 빌려 건축현장에 들어가보았다. 내부는 콘크리트 작업을 마쳤다. 개가실이 되는 1층 마루가 터무니없이 넓었다. 오오키 사회교육과장이 소학교 체육관 두 배 면적이라고 했는데 실감이 되었다. 도면에서 본 것과 실제 면적 사이에 상당한 차이가 있었다. 이 넓은 곳에 어깨 정도까지의 높이로 낮은 서가가 쭉 늘어선다면 장관일 것이다. 나로서는 그만큼의 시계(視界)를 갖춘 도서관이 떠오르지 않았다. 도면을 변경한 아동실도 넓었다. 히노 시립도서관의 아동실을 상상했던 것만큼, 현 상태도 비슷하게 되었는지 살펴보았다. 현관을 들어서 우측으로 길게 넓힌 히노의 아동실은 좋았다. 히노와 비슷하다면 안심이었다. 좋은 것을 도입해 아주 비슷하게 된다면 주저할 이유가 없었다. 본보기를 충실하게 본뜨고, 거기에 조금이라도 독자적인 것이 더해진다면 대성공이다. 본보기를 선택한 것은 이미 하나의 선택이고 표현이기 때문에 주저할 이유는 전혀 없었다. 고미야 씨도 그런 생각에 대개는 동조해주었다.

큰 일에서 설계측과 의견이 맞지 않는 것이 있었다. 마루 바닥에 대해서였다. 재료비 문제도 있다고 생각했지만, 설계측은 바닥에 카펫을 깔고 싶어했다. 독서회와 집회사업에 이용하는 2층의 시청각실과 소집회실의 사양은 그래도 좋다고 생각하지만, 1층은 목제 바닥으로 하자는 것이 이쪽의 생각이었다. 바닥에 카펫을 까는 경우는 대체로 간사이 지방의 도서관에 많고 도쿄 주변에서는 비교적 적다는 것은 고미야 씨의 설명이었지만, 최근 세워진 도서관들 중에서 바닥에 카펫을 까는 도서관이 점차 늘고 있다는 것을 나는 알고 있었다. 이유는 역시 재료비와 흡음성, 소음성을 들 수 있다. 더러워졌을 때도 사방 50㎝의 카펫을 이어 붙여놓았기 때문에 그 부분만 바꾸면 해결되어 훨씬 편리할지 모른다.

그러나 도서관은 극장이나 레스토랑과는 다르다고 생각한다. 밖에서 도서관으로 한 발을 들일 때에 느끼는 이질감은 가능하면 적은 편이 좋다. 인조석을 붙인 벽으로 바람이 지나가기도 하고, 그림과 부조를 장식한 현관 홀의 마감을 나는 결코 좋다고 생각하지는 않는다. 도서관에 오는 사람의 발을 거기서 한번 멈추게 해버리기 때문이다. 찾는 책 앞에서 아무렇지도 않게 설 수 있고, 거리를 걷는 기분으로 책 앞에 설 수 있는 분위기가 필요하다고 생각하기 때문이다. 자연재질만이 가진 밝음, 부드러움, 따뜻함도 버리기 어렵다고 생각했다.

바닥에 대해서는 고미야 씨와 몇 차례 논의를 했지만 나는 생각을 바꾸지 않았다. 고미야 씨와 곤도 씨는 한번 카펫이 깔린 도서관의 좋은 점도 봐달라면서 최근 세워진 고베 시립중앙도서관 견학을 제안했다. 고베는 히노 시립도서관과 같이 기토 아즈사 씨가 설계한 도서관이다. 히노 도서관에서 그가 설계한 사면 서가를 이미 호리에에 들여놓았다. 고베 시립중앙도서관에서 새로운 서가를 시험해보고 있다고 한다. 도서관 내의 사인공사를 어떻게 할 것인가를 생각하면 여러 도서관을 돌아보아야 할 시기이기도 했다. 우리들은 고베까지 가기로 결정했다. 나와 스가 계장, 고미야, 곤도, 그리고 본체공사의 서가를 담당한 마루젠의 야마구치 씨 등 다섯 명은 당일 예정으로 이른 아침 전철을 탔다.

바닥 문제는 고베 도서관에서 산뜻하게 결론이 났다. 안내해준 직원의 말을 듣고 결정된 것 같다. 그 직원은 카펫은 먼지를 빨아들여 장마 때가 되면 독특한 냄새가 나고 더러움도 눈에 띄고, 부분적으로 바꿀 수 있다고 해도 오염은 전체로 미치기 때문에 실용적이지 않고, 언제 바꿀까 논의하다가 비용문제로 결국엔 대부분 참아버린다고 했다.

이런 이유와 자연재질의 좋은 점을 깎아내려도 역시 카펫에는 많은 이점이 있다고 생각하는 사람도 있을 것이다. 아마 고미야 씨도 그랬을지 모른다. 그렇지만 그때부터 이쪽의 의견에 따라 바닥을 생각해주었다. 신발 소리를 어떻게 줄일 것인가에 대해서도 바닥재의 두께와 접착방법이 많이 변했고, 굽에 정을 박은 신발을 신는 사람은 적기 때문에 소음을 지나치게 고려하지 않는 편이 좋다고 우리는 서로 이야기했다. 소리 하나 내기조차 힘들 정도의 정숙은 요즘 세상에서 오히려 매력은 있지만, 시립도서관에 그것을 요구하는 것은 무리라고 생각한다.

많은 사람들이 책을 빌리러 온다. 아이들도 노인도 부부들도 온다. 아는 사람을 만나 인사하기도 하고 서서 이야기하기도 한다. 유모차와 시장바구니를 들고 오는 사람 또한 있을 것이다. 시립도서관은 요컨대 책이 사람과 사람 사이를 중개하는 광장인 셈이다. 따라서 도서관에 있는 사람들이 발생시키는 최소한의 생활소음은 허용되어야 할 것이다. 슈퍼마켓과 백화점의 중간, 그 정도의 친밀감과 양질의 물건, 다양함으로 사람들이 서로 친해질 수 있는 마음의 장으로서의 도서관을 만들고 싶었던 것이다.

앞에서도 서술했지만 주임인 고미야 씨를 비롯해, 설계사들에게는 업무에 대한 정열과 인간적인 성실함을 항상 느꼈다. 자신이 사는 도시에 자신이 설계한 도서관이 세워진다는 것은, 고미야 씨에게는 축복받은 즐거운 일이었을 것이다. 어떤 세밀한 부분이라도 운영자인 나와 스가 계장의 의견을 무시하지 않고 귀 기울여 주었다. 그렇게 하면서 우리들이 부족하거나 간과하고 있던 부분에 대해서는 수많은 아이디어를 내 보충해주었다.

운영자의 의향을 듣는다는 점에서는 아키하 과장에서 바뀐 니시 건축과장을 비롯하여 다나카 계장, 이와타 씨, 그리고 호리에 공민관과 중앙도서관 건축을 직접 담당하고 있던 모리모토 씨 등도 항상 그랬다. 한번도 아니고 제멋대로인 이쪽의 의견을 싫은 표정을 짓지 않고 들어주었다.

니시 건축과장도 현에서 파견나온 직원이었다. 하수도과장인 요시다 씨, 재정과장인 가노 씨 모두 같은 입장이었다. 나보다 좀 더 젊고 유능한 이 사람들. 현에서 근무하면 많은 사람들 속에서 결코 서로 알 기회가 없었을 사람들이었다. 니시 씨는 나와 마찬가지로 요츠카이도 주민이었다. 지바 대에서 1급 건축사를 취득한 니시 씨는 행정맨보다 '건축가'가 되기를 바라는 사람이었다. 도서관 건설과정에서 이 사람의 세밀한 배려로 상당한 도움받았다.

이야기를 고베에서의 이야기로 돌려보자.

고베 시립도서관을 나서면서 일찍 점심을 끝내고 와카야마 시립도서관까지 가보기로 하였다. 그 제안도 고미야 씨가 했던 것으로 기억한다. 무리를 하면 분명히 둘러볼 수 있는 시간이어서, 최근 세워진 커다란 규모의 도서관이라면 하나라도 많이 보아두는 것이 지나친 것은 아니었다. 하지만 정직하게 말하면 나는 내심 지긋지긋했다. 피곤했다. 며칠 전 현장사무소에서 내가 한 사소한 말이 불씨가 되어, 어떤 사람의 감정 폭발을 뒤집어썼다. 그것이 여행지까지도 꼬리를 끌고 있었다.

남해(南海) 전차에 흔들리면서, 나는 몸 깊숙이 배어 있는 듯한 피로감에 싸여 있었다. '도서관'이라는 말이 소화가 안되는 음식처럼 가슴에 막혀 있었다. 그것이 차츰 올라와 지금이라도 구토할 것 같았다. 분명 일회적인 우울상태였나보다. 이 기분은 와카야마 시립도서관을 견학하고 있던 때에도 계속되었지만, 도쿄로 향하는 식당차에서 2병째 술을 마실 때쯤에는 자취도 없이 사라져버렸다. 취해버렸다. 옆의 스가 씨, 맞은편의 야마구치 씨, 곤도 씨를 앞에 두고(고미야 씨는 오사카에서 마츠에 쪽으로 있었다), 또 도서관론을 내놓고 있었던 것 같다.

우리들은 도서관 사인(표지판)을 어떻게 할 것인가에 대해서 와카야마 시립도서관을 보면서 결정했다. 와카야마의 표지판이 모두 좋았다는 뜻은 아니다. 그러나 서가의 색인이 책등 글자에 가려져버리는 것을 어떻게 할 것인가에 대해서는 상당히 고안을 해봐야 했다.

도서관 표지업무는 스가 씨에게 맡겼다. 이용자에 대한 안내 표지는 도서관 업무를 숙지하고 있어, 그것을 압축하여 표현할 수 있는 사람이 해야만 한다. 거기에는 스가 씨가 적절했다. 이 사람의 레이아웃과 레터링 기량은 초보자 수준을 넘기 때문이었다. 사람 수가 적은 정립도서관에서 핵심으로 맡아온 사람인 만큼, 아동봉사뿐만이 아니라 도서관 업무 전반에 정통해 있었다. 업무 전체량을 측정하여 어떻게나 빈틈없이 집중하는지, 파악력, 판단력 그리고 결단능력에는 혀를 내두를 정도로 비범하였다. 현립도서관에서 뛰어난 전문직 여성직원들을 보아왔던 눈에도 이 사람의 능력은 확실히 아주 드문 것으로 비쳤다.

우라야스에 와서 1년, 당면한 업무량의 상당 부분을 그녀는 소화해냈다. 이러한 사람을 두고 있는 상급자의 태도는 다음의 둘 중 하나일 것이다. 인품 좋은 것은 어떤 경우에나 전제되는 조건이지만, 하급자에게 모든 것을 다 맡기든가, 혹은 더욱 능력을 갖춰 그 힘으로 끌고 가는 것이다. 후자의 입장을 취할 수 있는 사람은 좀처럼 없다. 맡긴 부분에 대해서는 완전히 그녀에게 일임했기 때문에, 내 입장은 물론 전자였다.

그래서 그녀는 자신의 몸을 아끼지 않고 일에 몰입했다. 문자 그대로 몸을 쪼개 일하는 것이었다. 게다가 자신이 맡아 끝낸 일에 대해서는 냉담할 정도로 무관심해졌다. 성과에 연연하는 여성다움은 조금도 보이지 않았다. 훌륭했다. 한결같은 성격으로 말하면 정말 딱할 정도로 외골수인, 거짓말 못하는 도서관 직원이었다. 도쿄에서, 뛰어난 동료들이나 일을 통하여 알게 된 사람들과의 교류관계가, 깊고 넓은 시야로 자신의 일을 생각하는 힘을 길러주었을 것이다. 훨씬 뒤의 일이지만, “내가 조금이라도 좋은 일을 하려고 한 것은 내게 상냥하게 해주신 분들에게 그것이 가장 보답하는 것이라고 생각하기 때문입니다”라고 그녀는 말했다. 나에게 말했다기보다도 혼잣말처럼 한 그 말을 나는 마음 깊이 기억하고 있다. 일을 위해서는 사심이 없고 전혀 자기과시욕을 보이지 않는 이 사람의 태도가 그 말에 최선을 다하고 있다고 생각했기 때문이다.

몇 차례 도서관을 둘러보니 2층 학습실과 복도가 벽으로 완전히 구분되어 있는 것이 아무래도 마음에 걸렸다.

새로운 도서관의 대부분은 칸막이로 유리를 사용하여 바깥에서 언뜻 보아도 학습실 모양을 파악할 수 있게 되어 있다. 많은 중고교생, 재수생들이 사용하는 방이다. 시선이 미치지 않으면 담배나 신나를 흡입해도 모른다. 열심히 공부하려는 학생들과 여자에게 말을 거는 등 비행의 장으로 변해버리는 일도 있을 수 있다. 어떻게 해서라도 우라야스에서는 복도에서 지나는 길에 방의 상태를 파악할 수 있도록 해두어야 한다. 벽을 허리 높이까지 하고, 그 위는 유리로 칸막이를 하면 된다. 설계도면 단계에서 간과하고 있었는가를 묻는다면 그렇다고 할 수밖에 없지만, 학습실의 경우보다 좋은 설계처리를 여러 도서관에서 보아서 그대로 둘 수는 없었다.

나는 고미야 씨에게 마감의 반은 유리로 해달라고 부탁했다. 이것은 명확하게 건축과와 사회교육과에 대한 월권행위였다. 엄밀히 말하면 의회의 승인을 얻어 진행하는 공사이다. 고쳐질 리가 없다. 그러나 공사과정에서 다양한 세부 변경은 항상 따라나오는 문제이기도 하다. 일에 허용범위는 반드시 있을 것이다. 벽이 없어진다면 도면이 변경되겠지만, 허리 정도의 높이에서부터 유리로 하더라도 벽은 벽인데 상관없지 않을까라는 것이 내 생각이었다. 공사는 요구대로 진행되었다. 여기에서도 니시 과장과 모리모토 씨의 너그러움에 도움받았지만, 나는 당연히 상사로부터 질책을 받았다.

완성 후 이 방의 이용상황을 보며, 나는 무리를 해서 다행이었다고 생각한다. 이 방은 질서정연하고 정숙하게 이용되고 있다. 그것을 언제나 지나다니면서 확인할 수 있다. 벽이 있으면 안이 어떤지 일일이 문을 열어보아야 한다. 불필요한 감시를 받는다고 생각하는 이용자 또한 있었을 것이다.

중앙도서관의 완성이 가까워졌을 즈음, 건물명칭 게시에 대해 고미야 씨로부터 제안이 있었다. 종합주차장을 사이에 두고 버스 도로에 접해 있는 현관 측면에 '도서관', 단 세 글자만 크게 내걸자는 안이었다. 그것은 히노 시립 다카하타도서관을 봤을 때, 우리가 관심을 갖고 서로 이야기했던 것이었다. 길가는 사람과 차 등에 '도서관' 단 세 글자의 커다란 게시는 강한 호소력이 있을 것이다. 간결하고 대담하고 개성적이었다. 드높이 가슴을 펴고 도서관이 도서관인 것을 사람들에게 선언하고 있는 인상이었다. 우라야스 도서관도 이렇게 내걸자, 매일 아침 버스로 오가는 사람과 공공기관에 오는 사람들의 의식 속에도 모르는 사이에 세 글자를 각인시키자는 생각이었다.

공정회의에서 고미야 씨에게 나는 그 자리에서 찬성의 뜻을 나타내어 결정을 보았다. 그러나 며칠 지나 가로·세로 1m 정도의 금속으로 만들어진 표지판을 걸 때가 되자 왜 그것이 필요한지, 정식 명칭이 아니고 왜 '도서관'인지, 금속정이 외벽을 더럽히는 것은 아닌지, 미관을 해치지는 않는지 하는 등의 이의가 상부로부터 제기되었다. 공정회의 검토결과와 그것을 내거는 의도, 일의 추진방법이 상부에 잘 전달되지 않았던 것이다. 공정회의 보고를 받지 않았나, 건축을 담당하는 과장도 모른다고 한다. 경과를 설명하다보니 상황은 점차 도서관장과 설계사의 독단이라는 인상이 강해지고 말았다. 고미야 씨는 그래도 계속 그 표지를 내걸어야 한다고 말했다. 끝끝내 승인을 얻을 때까지 그랬다.

'도서관'이라는 세 글자를 벽면에 내걸 것인가 말 것인가. 전체적으로 보면 그것은 사소한 것인지도 모른다. 그러나 설계사와 도서관측이 사소한 문제를 고집한 것은 그것이 건물에 대한 사고방식, 운영의 본질과 관계된다고 보았기 때문이다. 히노의 다카하타 도서관이 그렇듯, 우라야스의 도서관에서도 명확하고 대담하게 가슴을 펴고 시민을 위한 '도서관'을 우리는 선언하고 싶었던 것이다.

중앙도서관의 완성

중앙도서관은 10월 말에 완성되었다.

후에 삼림공원이 된 넓은 부지 내에 도로를 사이에 두고, 관공서, 문화회관을 바라보며 서 있는 2층 건물의 도서관은 당시 현내 시립도서관 중 가장 커, 건물 연면적은 3천m^2를 넘었다. 인구 10만 명 미만의 도서관으로는 이례적인 크기였다. 장래 인구증가에 대응할 수 있는 큰 도서관을 지향한 시장 자신이, 내부에 들어서 1층의 넓음에 놀란 소리를 낼 정도의 면적이었다. 지금의 우라야스에 과분한 곳이 두 곳 있는데 그것은 문화회관과 도서관이라고 청사 사람들의 입에 오르게 되었다. 문화회관도 도서관과 같은 설계사무소의 건물로 도서관 외벽은 같은 자기(磁器) 타일이며 색깔만 약간 밝게 하여 완성되었다.

벽돌 색깔의 표면에 달라붙어 흔들리고 있는 잡초. 황량한 공터였던 그곳은 지금 벽돌색 타일이 도로와 종합주차장에서 건물까지 깔려 있다. 만추의 하늘을 배경으로 자기 타일로 된 흰 건물은 2년에 가까운 세월이 흘렀다는 것을 나에게 확실히 말해주고 있었다. 옛날 도서관에서 분관 운영을 담당한 서예 6단의 모리야 후미에 씨와 갓 졸업한 사람 중 한 명인 가와바야시 구니오 씨 두 명을 남겨두고, 11월 23일 우리들은 추억이 많은 2층 다다미방에서 신관으로 이사하기 시작했다.

사무용 비품과 서가 반입이 시작되었다. 서가는 호리에 분관에 들여놓은 가구의 장점과 본체공사 부분 서가와의 연관성을 들어 다시 야마구치 목공제품을 들이게 되었다. 야마구치 씨의 보이지 않는 노력이 결실을 맺은 것이다.

준공식 날짜는 일반적인 건물의 경우와 달리 정하기가 어려웠다. 건물이 도서관다운 모습을 갖추려면 서가에 책을 갖추어야 되지만, 전년도 구입분을 소학교의 빈 교실에서 옮겨온다고 해도 넓은 로비에 늘어선 서가를 메우기에는 부족했다. 그러면 금년도분 도서입수가 끝나는 연도 말인 2월을 기다려야 했다. 결국 준공식은 2월 말경이 타당하고 개관도 그 즈음으로 하자는 것이 우리들이 겨우 내린 결론이었다. 4월에는 디즈니랜드 개관이 기다리고 있다. 모처럼의 도서관 개관이 그 축제 소동으로 희미해져버린다는 것은 유감스러운 일이다. 3월 1일이 좋지 않을까. 2월은 어쩐지 인상이 어둡고 이 날은 아주 좋은 길일이다. 시장, 교육장과 상의한 결과 개관일은 3월 1일로 결정되었다. 그리고 준공식은 2월 23일로 정해졌다.

개관식이 결정되면 그로부터 날짜를 역으로 계산하여 사업계획을 구성해야 한다. 5월 개관 예정의 도미오카 분관 업무도 포함하여 이다 씨는 다시 시간계획표를 수정했다.

개관일을 위한 자료작성에 들어갔다. 각종 이용안내, 중앙도서관의 개요, 개요에는 시설을 사진으로 소개하기 때문에 컬러 인쇄물로 하고 싶었다. 개관을 알리는 전단에는 넓은 도서관이 갖춘 기능을 일러스트로 소개할 수 없을까? 개관을 거리에서 알리는 포스터도 필요했다.

호리에 분관을 담당하고 있던 가미야마 준코 씨는 어릴 적부터 회화교실에 다녔다는 이유만으로, 즉시 우라야스 시립도서관의 아트디렉터가 되었다. 부모와 아이가 고전적인 서가를 향해 있는 이용안내 표지, 편집(편집방법은 우츠노미야 시립도서관과 흡사하다), 도서관보의 카툰 시리즈는 모두 이 분이 애쓴 작품이다.

준공식은 간단하지만 많은 사람들이 참석하도록 하자는 것이 교육장의 의향이었다. 기념품은 도서관다운 것으로 하자고 생각했다. 시의 준공식에서는 대개 화분을 나누어준다. 신록의 초목을 많게 하자는 바람이 들어 있어 사람들도 기뻐하였으나, 도서관은 화분보다 다른 적당한 것이 없을까 생각한 끝에 개관일에 나눠줄 예정이던 노란색 손가방(도서관에서는 주로 아이들을 위해 비가 오는 날 등의 그림책 보호를 겸해 비닐손가방을 만드는 곳이 많다)에 제작 중인 각종 인쇄물을 넣어준다면 어떨까라는 생각이 떠올랐다. 즉 일반 이용자에게 나눠줄 것을, 개관에 앞서 시의 주인인 시민들에게 나눠준다면 좋겠다고 생각했던 것이다. 한 가지 특별한 선물을 준다면 시의 여론에 큰 영향을 미칠 것이었다. 일본도서관협회에서 발행한 『시민의 도서관』이라는 신간 염가도서를 그 가방 안에 넣자고 생각했다. 그 책은 오늘날의 공공도서관이 시민을 위해 어떠한 활동을 하려고 하는가를, 쉽고 간결하게 써놓았기 때문이다.

앞에 말한 것과 같이 자료의 중심은 컬러 사진 팜플렛, 중앙도서관의 개요이다. 이것은 후에 방문 오는 시찰자에게도 나눠줄 자료이다. 건물이나 가구는 해가 갈수록 낡으니까 신설 당시의 아름다움을 영원히 기록해둔다는 면에서도 이 팜플렛을 정성스럽게 만들어두고 싶었다.

그러나 제작 첫걸음에서 효과를 얻을 수 없었다. 어디를 둘러보아도 도서관 서가는 텅 비어 있었다. 특히 참고자료실 도서의 전집류가 늦어지고 있었다. 두꺼운 참고서적이 늘어서 있는 서가야말로 도서관을 그려나가는 데 중요한 한 장면이었던 것이다. 우리들은 촬영장면이 바뀔 때마다 사진사의 지시에 따라 서가의 이쪽에서 저쪽으로, 그리고 다음 방으로 분주하게 옮겼다녔다.

개관 포스터는 도쿄 오이즈미 도서관에서 사용했던 그림을 그림책 화가인 와카야마 겐 씨의 허락을 얻어 제작할 수 있었다. 스가 계장이 하무라 정에 있을 때 와카야마 씨와 알고 있었기 때문에 이야기는 빠르게 진행되었다. 캥거루 모자(母子)가 책을 펴고 있는 그림말고는, 우리들이 그린 도서관을 말하는데 적당한 것은 달리 찾을 수 없었기 때문이다. 우리 도서관에서는 그 후 와카야마 씨의 호의도 있어 이 그림을 상징으로 사용하게 되었다. 도서관의 모든 인쇄물에 이 그림이 들어가 있고, 직원이 카운터에 설 때 반드시 입게 되어 있는 작업용 앞치마의 가슴 부분에도 이 마크가 들어 있다. 거리에 이 마크를 흘러넘치게 하자, 이 마크를 보며 모두 '아, 도서관이다'라고 떠올린다면 호의를 베풀어준 와카야마 씨도 기뻐할 것이다. 대화는 즐겁게 하는 것이 좋다. 우라야스 도서관용 차의 문에도 이 마크가 들어 있고, 도서관 앞에 있는 깃대에는 매일 아침 이 마크가 크게 그려진 깃발이 나부끼고 있다. 도서관이 독자적으로 깃발을 갖고 있는 곳은 전국에서도 단 한 곳일지도 모른다.

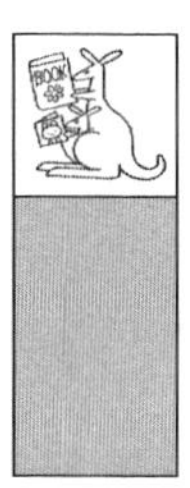

4
마을의 상징, 도서관

중앙도서관이 개관했다

개관을 한 달 앞두고, 도로에 접한 건물 동쪽과 남쪽 벽면에 옥상에서부터 커다란 현수막을 늘어뜨렸다.

'3월 1일 9시 30분 개관.'

세로로 긴 현수막 두 개가 갑자기 내걸리자 공무원들은 약간 놀란 모양이었다. "상당히 요란스럽게 하네" 하고 쓴웃음을 짓는 사람도 있었지만 아직은 그저 시작이었다.

포스터도 완성되었고, 이치가와 기자 클럽에도 개관을 알리는 자료를 보냈다. 홍보전단은 학교와 시내 서점에 배포했다.

자치진흥과의 가와바타 씨가 찾아와서, ≪광보(廣報) 우라야스≫에 개관 일주일 전에 도서관 특집호를 내고 싶다고 했다. 게다가 컬러 인쇄였다. 1면에 건물 전경을 넣고, 2·3면 양면에 1·2층 개요도와 도서관의 역할, 서비스 내용을 해설한다. 마지막 네번째 페이지는 이동도서관의 정류장 지도와 분관소개에 할애하려고 한다고 말했다. 우리들은 기뻤다. 광보지는 시내 전 가정에 배포되었다. 이만큼 철저한 도서관 홍보는 달리 생각할 수 없었기 때문이다. 같은 과 소마 계장과 나카지마 씨도 도서관 홍보에 대해서는 항상 열심이었다. '도서관 만들기 제1탄' 기사로 시작해서, 호리에 분관과 네코자네 분관의 기사도 항상 크게 취급해주었다.

개관일의 혼란을 조금이나마 덜기 위해 청사 일층 로비에 책상을 내놓고 미리 등록을 시작했다. 매일 많은 사람이 등록을 했다. 도서관 개관을 기다리는 여론이 차츰 높아지고 있음을 알 수 있었다.

준공식에는 250명이 넘는 사람이 모였다. 도서관 견학 후 근처의 히가시 소학교 체육관에 연회 자리가 마련되었다.

내빈으로 오신 일본도서관협회 사무국장 구리하라 히토시 씨는 축사 중에, 그해 우라야스가 계상한 자료구입비에 대해 언급했다. 우라야스는 당해 당초 예산에서 1억750만 엔의 자료비를 편성했다(나중에 600만 엔의 지정기부를 받았기 때문에 결산액은 1억1,350만 엔이 되었다). 당해 초 인구로 나누면 연간 인구 1인당 자료구입비가 1,400엔으로, 이것이 왜 일본 도서관계에 있어 획기적인 일이 되는가를 설명했다(같은 해 당초 예산을 조사해보면, 인구 6만 이상 10만 미만인 자치단체의 제2위가 도다 시로 1,200엔, 전국 평균 122엔, 현내 제2위 가시와 시가 274엔이다).

구리하라 씨의 말은 자신의 마을에서 완성된 도서관이 어느 정도인가를 측정할 만한 기준을 갖고 있지 못한 참석자에게 깊은 즐거움과 긍지를 주는 것이었다. 구리하라 씨의 오랜 도서관 경험에서 나온 말은 듣는 이의 마음을 두드렸다. 무엇보다 구리하

라 씨 자신이 우라야스 도서관 탄생을 진심으로 기뻐해 주었다.

3월 1일 9시 30분, 시민운동과 독서회 사람들이 시장과 교육장에게 축하 꽃다발과 기념품을 전달한 후, 시장·의장·교육위원장 3인이 테이프 커팅을 했고, 평일임에도 불구하고 몰려온 시민들이 도서관에 들어갔다. 시립도서관이 개관한 것이다.

평일임에도 불구하고 첫날에 2,400명이 넘는 내관자가 있었다는 것은(이 숫자는 책을 대출한 사람의 숫자로, 신문·잡지 등을 본 사람은 이 수에 포함되지 않았다), 결국 도서관이 사람들에게 얼마나 기다려진 시설인지를 말해준다. 토·일요일에 이용자는 정점을 이루었다. 첫 일요일에는 8,300여 권이 대출되었다. 하루에 3천 명 정도의 사람이 중앙도서관에 왔던 것이다.

15일간 대출 합계는 표에서 보여주는 대로 약 5만 권으로, 그 내역은 아동서가 59%, 일반서가 41%였다. 개관일을 기다리면서 무엇보다도 어린이들이 우르르 도서관에 몰려들 것이라 예상했다. 이 보름 동안의 이용경향 자체가 우라야스 시립도서관의 이용상황을 말해주고 있다. 이렇게 말할 수 있는 것은 일 년 경과 후 1983년도 통계를 보면, 총대출권수는 90만4,670권으로(이는 후에 서술한 인구 1인당 10.8권이라는 전국 최고의 연간대출률이 된다), 그 내역을 보면 아동서가 53.6%, 일반서가 46.4%라는 숫자로 잘 맞아떨어지기 때문이다. 시간이 흐르면서 성인의 이용이 서서히 증가하고는 있지만, 역시 대부분의 이용자는 어린이였다. 당초 계획에 오차는 없었던 것이다.

개관일의 군중, 도서관에 가득 찬 열기는 이 표의 숫자로는 도저히 전할 수 없다. 넓은 1층 마루가 인파로 가득 찼다. 카운터 주변에는 책을 안고 있는 사람들의 줄이 끊일 새가 없었다.

남녀노소, 다양한 시민이 왔다. 빌린 책을 개관 기념품으로 건네주는 노란색 손가방에 넣어 돌아가는 사람과 스치듯 지나치며, 뒤쪽에서 뒤쪽에서 사람이 왔다. 넓은 종합주차장의 자전거 주차장이 끝에서 끝까지 처음으로 만차상태가 되었다.

다음 표는 개관일로부터 보름 경과한 시점까지의 이용상황이다.

6만5천 권을 준비해서 출발했던 장서가 점점 적어졌다. 재정과장 가노 씨가 매일 청사에서 몸소 왔다. "대단한 일이다. 관장은 좋겠다. 신년도 도서비를 1억 엔 이상 할당받았으니"라고 그는 비밀을 말했다(한때 그는 5천만 엔을 주장했지만, 시장·비서의 목소리로 1억 엔이 할당되었던 것이다). 도서관이 이렇게나 시민에게 인정받는시설이 된다는 것은 그 또한 생각지도 못했을 것이다.

개관한 지 2주일이 되어갈 즈음부터 책의 부족이 눈에 띄기 시작했다. 특히 아동서 서가에는 책이 거의 없었다. 현내 도서관 예로 말하면, 어디나 4만 권 미만의 장서로 개관하고 있다. 우라야스의 경우 이미 2개의 분관과 이동도서관에서 대출을 하고 있는 것이 6만5천 권이다. 장서가 아주 적은 상태로 개관했다고 말할 수는 없지만 충분하지 않은 것은 사실이었다. 아동실에 서 있는 젊은 어머니가 진지한 얼굴로 질문을 했다.

"이렇게 좋은 도서관을 세우고서, 왜 책을 충분히 구비하지 않았나요"

중앙도서관의 이용상황(3월 1일 개관)

1일 평균 3,645권

월	일	요일	등록회원수			이용자수	대출권수		
			일반	아동	계		일반서(레코드, 카세트 포함)	아동서	계
	1	화	450	695	1,145	2,419	3,104(396)	4,240	7,344
	2	수	193	280	473	1,034	1,128(119)	1,962	3,090
	3	목	208	274	482	1,202	1,507(157)	1,959	3,466
	4	금	109	200	309	870	763(70)	1,726	2,489
	5	토	400	406	806	2,069	2,640(291)	3,562	6,202
	6	일	566	495	1,061	2,793	3,546(340)	4,701	8,247
	7	월	휴관일	휴관일	휴관일	휴관일	휴관일	휴관일	휴관일
	8	화	106	127	233	586	690(63)	1,119	1,809
	9	수	102	99	201	679	777(94)	1,339	2,116
3	10	목	35	22	57	222	278(38)	384	662
	11	금	81	101	182	682	759(84)	1,346	2,105
	12	토	243	206	449	1,341	1,637(169)	2,555	4,192
	13	일	146	147	293	1,324	1,674(164)	2,272	3,946
	14	월	휴관일	휴관일	휴관일	휴관일	휴관일	휴관일	휴관일
	15	화	97	104	201	1,162	1,509(148)	1,991	3,500
	16	수	71	82	153	880	1,035(128)	1,550	2,585
	17	목	47	71	118	643	686(74)	1,254	1,940
	18	금	49	139	188	1,020	881(74)	1,980	2,861
	19	토	117	123	240	1,690	2,219(208)	3,197	5,416
합계			3,020	3,571	6,591	20,616	24,833(2,617)	37,137	61,970

호리에 분관에서 아동서를 옮겨왔다. 이때도 전산처리가 가능해 장서관리는 편리했다. 쉽게 도서교환이 가능하기 때문이다. 그러나 아직 책이 충분하지 않았다. 5월 개관 예정인 도미오카 분관용으로 준비된 책으로 위기를 넘기는 수밖에 없었다. 개관 2주째를 넘어서면 대출해간 책들이 돌아오기 시작하기 때문에 장서상태는 조금씩 나아질 것이다. 당분간만 견디면 되었다.

두번째 일요일은 억수같이 비가 쏟아졌다. 그 빗속을 연이어 사람들이 도서관에 찾아온 것이다. 급하게 사온 네 개의 우산꽂이는 금세 부족해져, 대형 비닐 양동이를 2개 입구에 준비하지 않으면 안 될 정도로 내관자가 많았다. 1,324명이라는 숫자는, 수적으로만 보면 첫번째 일요일에는 미치지 않지만, 옷자락을 적시며 들어오는 사람들을 현관 홀에서 맞이하면서 나는 깊은 감동에 사로잡혔다.

1,300명이라고 하면 맞은편에 세운 문화회관의 큰 홀을 가득 메울 숫자이다. 심한 빗속을 이 많은 사람들이 책을 빌리러 와주었던 것이다. 신축 도서관이 보고 싶다면 비 오는 날은 피했을 것이다. 도서관을 희망하고 있는 사람의 환성을 듣고 생각하면서, 잠시 이 날의 숫자가 머리에서 떠나지 않았다. 숫자상 기록은 그 후에 갱신되었다. 그러나 나는 어느 쪽을 기억하는가 하면 항상 이 비 오는 날의 1,300명이라는 숫자에 머물고 싶어진다.

우라야스 도서관 서비스의 특색

5월 7일에 도미오카 분관이 개관했다. 먼저 언급한 것과 같이 공민관 1층, 243㎡, 장서수용능력 3만5천 권인 분관이다.

1982년 4월 와카쿠사 호 갱신부터 계산하여 13개월째, 그에 앞서 1년간의 준비기간이 있었다 해도, 1년 1개월 만에 우라야스 도서관 네트워크의 대부분이 완성되어 오늘에 이른 것이다. 이례적인 속도라고 할 수 있다.

새로 채용된 노무라 히토미 씨는 네코자네 분관에 배치하고, 모리야 씨와 전년도 졸업한 남자 이지마 쥬니치 씨가 도미오카 분관을 맡게 되었다. 집합단지로 둘러싸여 있어 이용률이 높을 것이라 예상되는 분관이었다. 시장이 시찰한 이동도서관이 이 지역이었는데, 분관개설과 동시에 그 정류장은 폐지되었다.

인구거주지역에 대한 시립도서관의 네트워크가 여기서 완성되었는데, 우라야스 도서관의 특색은 크게 말해 두 가지를 들 수 있다. 중앙관, 3개의 분관, 이동도서관 정류장 10개소라는 서비스망이 그 하나이다. 앞에서 시의 네트워크 지도를 예시했지만(이 책 68쪽 그림 참조), 시설을 중심으로 반경 1km로 원을 그리면 95%의 지역이 이 안에 자리를 잡는다. 반경 800m로 그려도 80%의 인구를 취할 수 있다. '걸어서 10분 어디에서나 책을 빌릴 수 있습니다'의 선전문구가 생겨나게 된 이유이다. 시역이 좁고 인구밀도가 높기 때문에, 시설투자 효과가 높다. 도서관 이용자 입장에서는 반경 1km 이내가 목표이지만, 현재까지의 인구거주지역 안에서 말하면 1개의 중앙관, 4개의 분관(E의 미하마 분관은 1987년경 개관)으로 이 이용권을 충분히 만족시키고 있다.

게다가 유리한 것은 대부분의 시민이 도시에서 이주해화서 도쿄로 통근하는 사람들이라는 것이다. 즉 시민의 의식구조나 생활양식에 큰 격차가 없다. 이것은 지역성에서도 마찬가지로, 시내는 농지가 없고 전 지역 시가지 구역이다. 확실히 옛 마을이라 불리는 구 시가지에서는 그곳만의 생활감각이 살아 있어 사람들의 의식도 신시가지와는 사뭇 다르다. 그러나 이 지역 사람들도 어업을 하지 않은 이후로는 다수가 민간 아파트 경영자가 되었고, 그들이 지은 집에는 도시형 생활자가 살고 있다. 인구비율로 봐도 토박이 인구수는 전체 중에서 이미 비교할 수 없기 때문에, 대충 살펴보면 전형적인 도시형 주택지라고 부르는 것은 과언은 아니다. 도서관으로서는 좋은 조건을 갖춘 마을인 것이다.

네트워크 밀도를 질적으로 받치고 있는 것이 전산 온라인시스템이다. 우라야스 시립도서관에서는 중앙관의 오피스 컴퓨터 본체에 각 분관의 단말기가 연결되어 있다. 은행 시스템을 생각해보면 이해가 쉽다. MARC 도입부분에서 언급되었듯이 전 장서의 데이터가 중앙관 본체에 기억되어 있기 때문에, 어느 분관에서나 전장서의 조회가 가능하다. 응답은 3초 정도 기다리면 디스플레이 된다.

예를 들면 새롭게 우라야스에 살게 된 사람이 『아오베카 이야기』를 읽고 싶어서 분관에 왔다. 공교롭게도 그 책이 분관의 서가에는 없다. 그 사람은 『아오베카 이야기』가 시 도서관에 있는지, 있다면 어디에 있는지, 대출 중이면 언제 반납되는지를 알고 싶을 것이다. 버튼 조작 하나로 이 답이 즉석에서 나온다. 중앙도서관과 다른 분관에 있는지를 알았다면 다음날 오전 중에는 연락편으로 배달되어 이용자의 손에 도달한다. 급하다면 소장관으로 가서 받는다. 시역이 좁기 때문에 이 점도 편리하다. 자전거로 15분쯤 달리면 대개 용건은 끝난다.

모든 도서관에서 대출 중이라면 예약해두고, 본체 기억장치에 시에서 소장하고 있는 『아오베카 이야기』 전부가 예약도서로 기억되기 때문에 어느 곳에서 책이 반납되어도, 이동도서관 정류장에서 반납되어도, 그 책에 라이트펜이 닿으면 요청 사인이 울려 통상적인 반납처리에서 제외된다. 시내 전체 시설에서 1만 권 이상의 책이 대출되기도 하고 반납되는 날도 있기 때문에, 이용자가 기다리는 책을 직원의 기억이나 육감으로 처리하는 것으로는 불가능하지만 전산은 쉽게 이것이 가능하다.

또 이용자로부터 슈고로의 저서 소장 리스트를 요청받는다면 단말기에 접속해 이것을 쳐서 나오면 바로 건네는 것이 가능하다. 무료이다. 특정분야의 책을 찾는 사람에게 이것은 편리하다. 자신이 찾고 있는 분야가 도서관학상의 분류번호에서는 몇 번에 있나를 직원에게 물어보면, 시 도서관이 소장하고 있는 그 부분의 책이 모두 리스트업되어 손 안에 나오는 것이다. 공민관 도서실의 경우에 도서관과 본관, 분관의 관계로 시스템화되어 있어야 한다고 말한 제1의 이유가 여기에 있다. A시는 애써 새 도서관이 전산

도입으로 업무를 개시했는데도, 지금 상태로는 이와 같은 서비스가 불가능하다.

도서관은 지금 전산화 시대를 맞이하고 있다. 우라야스 시립도서관에서는 이 문제를 느끼고 있는 사람들의 시찰이 많다. 공공도서관 사람들뿐 아니라, 대학도서관, 기업의 연구소, 전산공사(현 NTT), 전산회사 등의 사람들이 왔다. 도서관에 두었던 목록카드가 없어져가고, 우라야스도서관과 같은 시스템이 생소하지 않고 상식으로 되는 것은 잘못된 일이 아니다.

도서관 전산화가 이용자에게 주는 장점 중 가장 큰 하나의 사항이 있다. 대출권수 제한의 완화이다. 히노 시립도서관장인 스나가와 유이치 씨가 『도서관의 컴퓨터 시스템(自治體 OA システム, 學陽書房)』에서 서술하고 있는 부분에 의하면 과거 대출방식에서는 대출하는 데에 10초, 반납에 20초 걸렸던 것을, 기계화에 의해 대출이 약 2초 반납에 1.5초로 단축되고 있다. 대출반납 처리의 노동력 감축이 제한의 완화를 가져온다는 것은, 종래 1인 2권이 일반적이었지만 전산을 도입한 도서관에서는 무제한 혹은 10권 대출을 하는 도서관이 나오고 있는 것에서도 명확해지고 있다. 우라야스는 1인 5권으로 2주간을 한도로 하기 때문에 결코 대출권수가 많은 편은 아니다(그렇지만 개관 당초, 5권도 이용하기에 책이 부족하다는 지적도 있었다). 일반인이 2주 동안 5권이나 읽을 수 있을까? 너무 많다고 생각할지 모른다. 그러나 여기에 아동 서비스를 중시하는 공공도서관 운영이 나타나는 것이다. 그림책을 빌리는 유아에게 2주간에 5권이라는 제한은 결코 많은 것이 아니기 때문이다. 책읽기를 좋아하는 아이는 하루에 그것을 다 읽어버린다. 실제 아이를 위해 부모는 자신의 권수를 억제해 아이들에게 돌리고 있다. 1인 10권까지로 제한을 완화하는 것이 필요하다.

도서관 전산화는 독자의 비밀보장을 해치고, 개인의 프라이

버시를 침해한다. 더 나아가서는 간신히 지켜온 사상의 자유에도 영향을 미치는 것은 아닐까 걱정하는 사람이 있다. 초기 단계에서는 도서관인 가운데에서도 그런 생각, 혹은 사서업무의 하청화라는 발언을 하는 사람이 많았다. 일을 시작하고자 하는 시점에서 언제나 원점에 서서, 가장 중요한 부분을 잃는 것은 아닌지 생각하는 것은 중요하다. 이런 점에는 많은 주의를 기울여도 지나치지 않다고 할 수 있다.

그러나 도서관 전산에 대해 말하면 대다수가 사실과는 다른 부분에서 발생하는 오해였다. 예를 들면 누가 무엇을 읽었나에 관한 기록이 전산으로 보존된다면 그것이 사상조사에 이용될 수 있다고 생각할 수 있는데, 이용자가 무엇을 읽었는지의 기록까지 남기려면 기억량이 본체를 부하에 걸리게 하기 때문에, 60만 권 데이터 수용능력을 가진 우라야스 경우에 그 본체는 3·4개월이면 펑크가 난다. 그런 비경제적인 전산화를 도모할 리가 없다. 본체의 기억용량을 어떻게 합리적으로 사용할까, 무엇을 전산으로 처리하는가는 우선사항을 위해 필요사항을 차례차례 걸러낸 후에 프로그램이 편성된다. 대출한 책이 반납되면 기록은 전혀 자취를 남기지 않는다. 남는 것은 그 책이 과거에 몇 회나 대출되었는가 정도이다. 문제는 대출기간 중의 기록이다. 이것은 공공비품을 빌린 것이기 때문에, 누구에게 무엇을 빌려주었는지를 그 기간 동안 도서관이 파악해두는 것은 필요하다. 전산으로 하지 않아도 마찬가지인데, 도서관측의 원칙이 확고하지 않으면 취급방식에 있어서 개인의 프라이버시 침해에 해당되는 문제가 발생한다.

우라야스 도서관 전산화는 당초부터 본체를 도서관이 갖는다는 생각으로 이루어졌다. 지금 서술한 이용자 데이터를 도서관 이외 부분에서 관리하는 경우, 이용자의 프라이버시에 대한 책임을 최종적으로 도서관이 보장할 수 있는가가 문제였기 때문이다. 한

자 온라인 시스템과 일판 MARC의 도입도 함께 막 시작되었기 때문에 가동해보고 부분적인 수정이 나올 가능성은 있다. 그 경우 청사에 본체가 있어 신속한 대응을 할 수 있는지, 가장 바쁜 토요일 오후와 일요일에 본체 취급을 누가 하는지, 매일 매월 증가하는 데이터에 맞추어 본체를 청사에 둘 수 있는지 등의 이유도 이것에 부가된다.

일본도서관협회의 도서관 자유에 관한 조사위원회는 '대출업무의 컴퓨터 도입에 따른 개인정보의 보호에 관한 기준'의 검토를 거듭해, 현재 제3차안이 나왔다. 직원채용 부분에서 언급한 도코요다 씨가 우라야스 도서관의 컴퓨터를 '3차안'에 대조하면서 관보 ≪우라야스 도서관≫에 쓴 것인데, 그 일부를 인용해보자.

> 우라야스 시립도서관에서는 시민 여러분의 개인정보와 독서기록이 외부에 유출되어, 개인 프라이버시가 침해되는 일이 없도록 다음의 점을 고려해 시스템을 만들었습니다.
>
> 1. 컴퓨터 본체를 도서관 내부에 독자로 설치해, 외부에 데이터가 유출되는 것을 방지한다.
>
> 2. 이용자에 관한 데이터는 도서관 내부에서만 처리한다.
>
> 3. 자료가 반납된 시점에 '누가' '무엇을' 대출했는가라는 기록이 자동적으로 지워지는 프로그램을 사용해, 특정 개인의 독서경향이 기록되지 않도록 한다(이 때문에 유감스럽게 개인의 독서기록을 드리는 일은 불가능합니다).
>
> 4. 이용자의 데이터와 시청의 주민대장 사이에 어떠한 관련도 갖지 않는다.
>
> 현재 일본도서관협회에서는 전산도입을 위한 기준을 작성 중입니다. 다음에 게재한 것은 그 제3차안입니다만, 우라야스의 전산화가 다음 사항에 저촉되는 점은 없습니다.
>
> 대출업무의 컴퓨터 도입에 따른 개인정보의 보호에 관한 기준(제3차안)

1. 대출기록은 자료를 관리하기 위한 것으로 이용자를 관리하기 위한 것이 아니라는 것을 전제로 개인정보가 외부에 유출되는 일이 없는 컴퓨터 시스템을 구성해야만 한다.

2. 데이터 처리는 도서관 내부에서 시행하는 것이 바람직하다.

3. 대출기록 파일과 등록표 파일의 연결은 자료관리상 필요한 경우에 한한다.

4. 대출기록은 자료가 반납되면 가능한 신속하게 지워야 한다.

5. 등록자 번호는 도서관에서 독자적으로 부여해야만 한다 (주민기본대장 등의 번호를 이용하지 않는다).

6. 등록자에 관한 데이터는 필요 최소한으로 한정하고, 그 내용 및 이용범위는 이용자에게 충분히 주지시켜야 한다. 이용자의 요구가 있으면, 해당인에 관한 기록을 게시해야만 한다.

다양한 이용자

마을에는 여러 사람이 살고 있다. 공공시설은 자주 그 지방의 축소판이다. 새로 개관한 도서관의 경우도 그랬다.

중앙도서관은 남측이 전면 개구(開口) 부분으로 대단히 밝다. 전집이 늘어선 2층 창가 서가에서는 기둥 부분을 돌아 들어가는 형태로 원형의 소파가 2개소에 설치되어 있다. 창으로는 정원이 내다보이고, 기둥이 다른 사람의 시선을 어느 정도는 막아주기 때문에 짬이 나면 여유 있게 쉬는 개인 방처럼 이용할 수 있다. 아직 젊은 남성이 어느 날 그곳에서 책상다리를 하고 책을 왼손에 잡고 맥주를 입에 대고 마시고 있었다. 책이 장사도구이기 때문에 도서관에서는 음료수 자판기조차도 두지 않고 있다. 물론 현관 홀을 제외한 각 방에서는 흡연과 음식은 삼가도록 하고 있다. 술 주정이 아니라면 좋겠는데라고 생각하면서 주의를 주면, 의외로 순순히 마시다 남은 맥주를 내밀었다. 책을 읽으면서 맥주를 마시는 것이 좋다는 말을 들으면, 어쩐지 그냥 두고 싶은 마음이 된다. 멀리서 걸어와 목이 말라, 도서관에서 한잔 할 것을 떠올린 게 틀림없기 때문이다.

젊은 어머니들을 위해 아동실에는 유아침대를 두고 있다. 지나는 길에 그 침대를 보면 도서관 내의 웅성거림을 멀리하고 아이가 새근새근 자고 있다. 그만한 일로 이쪽의 마음이 온화해진다. 이용자를 맞이하고 있으면 모르는 새 이쪽도 긴장하고 있기 때문일 것이다.

입구 홀 한쪽 구석에는 휠체어와 유모차를 두 대 준비해두었다. 그것이 한 대만 남은 것에 신경이 쓰였다. 도서관으로서는 있을 수 없는 일이었기 때문이다. 유모차에 도서관 이름을 기록해두지 않았다. 사무계 직원이 막 들어온 신입이면 생각도 못했던 곳에서 구멍이 생긴다는 말이 자주 있다. 관장은 카멜레온이 보는 것처럼 먼 곳을 보면서도 한쪽 눈으로는 가까운 곳을 보고 있어야 한다. 나의 과실이었다.

이 사건은 아직까지도 나를 복잡한 생각에 들게 한다. 훔쳐간 유모차에 매일 아이를 태우고 있을 어머니의 심리를 추측해버렸기 때문이다. 틀림없이 첫아이로, 그 아이를 위해 유모차가 갖고 싶었지만 살 수 없었을 것이다. 이름이 새겨져 있을 리는 없다. 같은 제품은 얼마든지 있다고 정색하면서 매일 거기에 아이를 태우고 있을까? 그러나 자신의 양심을 속일 수는 없을 것이다. 훔친 물건으로 아이를 키우는 어머니의 표정이 밝지는 않을 것이다. 흐트러진 머리, 혈색이 좋지 않고, 빈약한 체구를 한 여인의 모습이 나에게는 떠오르지 않았다. 그 사람에게 훔칠 기분을 일으키게 한 부주의가, 나는 분해서 어찌할 수 없었다. 서무계 스즈키 씨와 나카지마 씨에게 그것이 그들의 책임이라고만은 말할 수 없음에도 나는 거친 소리를 지르고 있었다.

유모차를 훔쳐간 어머니를 감쌀 기분은 아니지만 더 화나는 일이 있다. 무엇보다도 기막힌 일이다. 책의 어느 부분이 잘려 있는 것을 발견했던 때이다. 면도칼로 깨끗하게 잘린 것도 있고 갈기갈기 찢긴 것도 있다. 충분히 책을 대출하고 있는 우라야스에서는 아직 그런 일이 일어나지 않았지만, 현립도서관에 있을 때에는 2년에 1번 정도는 그런 책과도 만나 싫은 생각을 했던 것이다. 차라리 자르지 말고 아예 책을 통째로 훔쳐가지 생각한다. 훔친 것이라면, 마음이 변해 어느 날 돌아올 가능성이 있지만 잘린 것은 두 번 다시 본래 대로 돌아올 수 없다. 그 하나가 반 때문에, 남겨진 책도 생명을 잃은 것이기 때문이다. 백과사전의 컬러페이지가 잘리는 것도 정말 문제였다. 다른 도서관에서 복사를 해다가 보충할 수는 있지만 손상된 것은 고칠 수 없다. 비참한 것이다.

≪도서관보≫ 2호에 '잠자리를 쫓으며'라는 수필을 기고해주신 오쿠무라 사다이치 씨는 85세를 넘은 노인이다. 구 도서관 시절부터 이용자로, 잠자리에 대한 연구서를 현립에서 가져오게 해 대출한 일을 계기로 도서관을 매우 즐겁게 이용하고 있다. 새 도서관을 기뻐해 수필을 기고해주었다. 그 말미에서 오쿠무라 씨는 잠자리 연구의 한 면을 보여주고 있다. 짧은 문장이니까 인용해보자.

> 실잠자리과와 물잠자리과를 제외한 잠자리류는 정지했을 때, 그 자세를 배면에서 보면 십자형이다. 십은 한 자릿수의 최고위이다. 1 2 3 4 5 6 7 8 9 10. 어느 시대인가 아이들이 모든 지혜를 짜내 '도-보'라는 애칭이 생겨, 와전된 것이 '돔보'라고 생각한다. 각종 방면에서 이 십자형이 돔보의 명칭으로 나타나고 있지만, 나름대로 민속의 의미를 느낄 수 있다.*

---

* 잠자리는 일본어로 돔보(トンボ)라 한다. '도-보'란 열을 뜻하는 'ト'와 어린아이의

집회사업에 참가한 부인들이, 강한 햇빛을 받으면서 10시 개관을 기다리고 있었다. 60을 조금 넘은 지역사람이, 문을 열고 현관 홀에 들어가면 어떨까, 햇빛을 피할 수 있고 벤치에 걸터앉아 기다릴 수도 있지 않을까 하는 지적을 했다. 응대하러 나간 사람은 성실하고 고지식한 오카야쓰 씨였다. "개관은 10시부터입니다"라고 답하고, 부인들 앞에서 또 문을 닫아버린 것이다. 남자는 격노했다. 이용자가 성을 내 진정되지 않기 때문에 와달라고 사무실에서 스가 계장의 연락이 왔다. 달려간 내가 오카야쓰 씨와 같은 말을 해버렸기 때문에 불에 기름을 붓는 일이 되었다.

"당신 어디 출신이야? 관장인지 뭔지 모르지만, 내 말이 틀리다고 생각하면 시장에게 가자."

금방 대답이 나오지 않았다. 꽤 오래 서 있었던 사람들로 난처했다. 어쨌든 2층 사무실에 올라오도록 했다. 누군가가 재치 있게 바로 차를 가져왔지만 남자의 분노는 가라앉지 않았다. 나는 군대에 다녀온 몸이다, 자신의 일이라면 대개는 참을 수 있다, 자신 때문에 이런 말을 하는 것이 아니다, 개관 전에 와서 들어가자고 말하는 것은 어머니들이 더위에 지치지 않도록 현관 안에서 기다리도록 해달라는 것뿐이다. 또 "시장에게 가자"가 나왔다. 격노해서 이쪽의 말은 들어보려고 하지 않았다. 좋은 상태인 나도 기가 막혔다. 시장이나 교육장으로부터 도서관 일은 내가 담당하게 되었기 때문에 그럴 필요는 없다. 나잇살이나 먹었는데 조금은 다른 사람의 말도 좀 듣는 것이 어떤가. 큰 목소리라면 나도 봐주지 않았다. 도서관 현관 홀은 2층으로 가는 계단과 연결되어 있고, 2층에는 자습실이 있다. 여름방학의 혼잡을 생각하면 무조건 현관문을 열어둘 수는 없다.

그렇지만 생각해보면 남자의 말에도 맞는 점이 있었다. 현관

애칭인 'ポ'를 말하는 것이다. —역자

은 닫아두고 계단 올라가는 입구에 개관은 10시라고 게시를 하는 방법을 생각할 수 있을지도 모른다고 나는 다시 생각했다. 급히 검토해 가능한 한 그렇게 해보자. 나는 솔직하게 남자에게 말했다. 상대의 화답은 훌륭했다. 장쾌함, 유쾌함, 칼을 칼집에 넣는 것처럼 분노를 깨끗이 닦았다. 순진하게 언제나 어부란 이런 법이다. 바로 머리에 피가 끓어오른다. 그때부터 잘 마시겠다면서 차를 꿀꺽 마신다. "실례했습니다" 하며 일어날 때는 다른 사람같이 점잖은 인품을 보였다.

가슴이 열려 있는 사람이었다. 나는 이런 사람을 좋아한다. 격하게 맞대었음에도 좋지 않은 뒷맛은 조금도 남지 않았다. 뒤에 '우라야스 화보' 책장을 넘겨 보다가 가족소개란에 아들과 손자에 둘러싸여 있는 그 사람을 대면했다. 대대로 어부를 한 꽤 오랜 집안의 사람이라는 것을 그때 알게 되었다.

어디 사람이냐고 들은 것은 그 사람에 대한 호감과는 달리 조금 충격이 되어 내 마음에 남았다. 생각해보면 그 홍수가 나던 밤을 계기로 나는 우라야스 사람이 되었다. 그때까지는 어딘지 손님으로 와 있는 것 같은 기분이었지만, 물에 빠지며 도서관까지 간 그 밤부터, 조금이나마 의식으로는 나는 우라야스 사람이 되어 살고 있다. 어디 사람이냐고 묻는 말 한마디는 그렇게 내가 서 있던 토대를 뒤집는 힘이 되었다. 알지 못하는 땅에 뿌리를 박는 것이 보통 일은 아니라고 나는 생각했다. 그래서 그때도 도쿄에서 자란 다노 씨가 기미쓰 사람이 되어 살아가고 있는 것을 생각했다.

평일 한가한 시간에 반드시 오는 할머니가 한 분 있다. 보행 보조기구를 밀면서 온다. 맨 먼저 가까운 원형 소파에 다다미방에 있는 것처럼 작게 눌러앉아 주간지나 그라비어지를 항상 본다. 한번 말을 걸어보고 싶었지만, 폐를 끼치는 것이 아닐까 하여 좀처럼 그럴 수가 없었다. 할머니를 볼 때마다 책을 읽을 수 있는 능력이 노후생활에 큰 도움이 되는구나라는 생각을 한다.

시민의 투서 '우리의 의견'에 도서관에 대한 불평이 들어왔다. 자치진흥과에서 복사본이 전해졌다. 시 공무원 인원수가 너무 많다고 지적한 후 "지난번 도서관을 이용할 때 직원이 많아서 기가 막혔습니다. 창구에 왜 이렇게 많은 직원이 있나요? 이유를 답해주시기 바랍니다"라고 쓰여 있었다. 상황을 인정하지만 어찌할 수 없이 나는 화가 나 있었다.

> 도서관 창구(카운터라고 하겠습니다) 직원이 너무 많다는 지적입니다만, 이른바 창구업무인 대출·반납 및 아동 서비스·참고봉사 등에는 각 한 명씩의 직원이 순환해 들어가도록 하고 있습니다.
>
> 카운터에 들어가 있는 다른 직원은 각종 질문에 대한 대답을 하거나, 도서 구매요청과 구입도서의 사무처리, 이용등록자 및 도서에 관한 전산용 데이터 작성, 반납된 책·레코드·테이프 등의 배가 준비 등의 전반적인 업무를 맡고 있습니다.
>
> 1층 서비스 면적은 1,700㎡로 소학교 체육관의 두 배에 가까운 넓이입니다만, 합리적인 인원배치가 필요하기 때문에 중앙 카운터에 업무를 집중하는 방법을 본 도서관에서는 채용하고 있습니다. 서비스 형태가 각 층에 걸친 종래 도서관에서는 직원이 산재해 있기 때문에 전체 인원수가 눈에 띄지 않지만, 결과적으로 집중관리를 하는 편이 인원감소에 연결된다는 것은 별표가 보여주고 있습니다.
>
> 도서관의 직원배치 상황을 보는 것에는 통상 시설면적에 대한 직원수와 그 도서관의 연간 대출권수가 직원 1인당 몇 권인가 하는 두 가지가 있습니다. 1984년도 『도서관연감』을 바탕으로 도쿄 및 현내 인근 도서관과 비교해보면 별표대로입니다.
>
> 시설면적에 대한 직원수로 보아도, 또 직원 1인당 연간 대출권수로 보아도 타 도서관에 비해 최소 직원수로 좋은 효과를 올리고 있다고 생각합니다. 또 이 수치에는 나타나지 않았지만, 인근 각 시 도서관과 비교해 각종 문헌작성이나 시민요망이 강한 여러 집회사업 실시수 등도 우리 시의 도서관은 최고를 이루고 있습니다.

최소의 직원수를 유지하면서 충분한 시민 서비스를 다하고자 이후에도 검토하겠으니, 부디 이해해주시길 바랍니다.

<별표>

도서관명	직원수(명)	시설면적(㎡)	직원1인당 시설면적(㎡)	연간대출권수(천 권)	직원1인당 연간대출권수
히노 시 중앙	25	2,220	88.8	477	19,080
구니타치 중앙	14	1,511	107.9	316	2,254
히가시무라야마 중앙	18	1,581	87.8	393	2,183
다나 시 중앙	10	1,397	139.7	218	21,800
훗사 시 중앙	10	2,617	261.7	214	21,400
우라야스 시 중앙	18	3,025	168	588	32,667
지바 시 북부	20	1,392	69.6	571	28,550
후나바 시 서	21	1,863	88.7	88	4,190
후나바 시 동	24	2,220	92.5	423	17,625
나가레야마 시	15	1,615	108	256	17,067
이치가와 시	24	1,366	57	539	22,458
가시와 시	17	2,005	118	409	24,059
마쓰도 시	25	1,932	77.3	310	12,400

도서관 운영이 1984년도에 들어서면서, 저절로 미소짓게 하는 이용자가 있어 한 명만 소개한다. 도서관에서는 과학서에 대한 관심을 높이기 위해 어린이들을 대상으로 여름방학이 끝날 즈음 과학놀이 '열기구를 날리자'를 개최했다. 다음에 인용한 것은 그 행사에 참가했던 소년에게서 받은 편지이다.

열기구를 만들고

이토(미하마)

나는 열기구를 만드는 24일을 몹시 기다리고 있었습니다. 그렇기 때문에 서둘러 갔습니다. 나는 맨 처음에는 모두가 '아주 크고 탈 수 있는 날 것을 만드나' 생각했습니다. 그렇지만 작은 것을 각 그룹에서 만드는 것이었을 때는 실망했습니다.

그러나 조금 기대도 있었습니다.

'어느 정도 날까, 뜻한 대로 만들 수 있을까'라고 생각을 하고 있었습니다.

만들고, 날리면서 기뻤습니다. 맨 처음에는 실망했는데, 모두가 수를 세고 있을 때는 필사적이었습니다. 그래서 우리들 차례가 와서 날렸을 때는 매우 기뻤고, 장시간 비행한 것으로는 세 번째였습니다.

앞으로도 이런 일을 해주십시오.

매우 감사했습니다.

그런데 유모차를 잃어버린 지 이제 곧 2년이 된다. 그 사람의 아기도 이미 걷기 시작했을 것이다. 사용하지 않게 된 유모차가 어느 날 정신을 차려보니 돌아와 있을 수는 없을까? 너무 싱겁다고 웃을지 모르지만 그래도 좋다. 꿈 같은 그런 생각을 하지 않으면 내가 늙어버리기 때문이다.

도서관 서비스의 질

구 도서관 2층에서 전산 프로그램 작성을 위해 기초자료를 작성하고 있을 때부터, 네트워크가 정비되면 우라야스 시립도서관에서 이용 신기록이 나올 것이라 추정했다. 개관 이래 상황을 돌이켜보면 추정을 상회하는 높은 기록이 나올 것 같았다. 연말통계가 도서관계의 주목을 집중시키리라는 것은 거의 틀림없었다.

예상을 넘는 대출, 전국 제1의 기록이 현실이 된다면 틀림없지만 기쁘겠지만 중요한 것은 그 수치가 어떤 서비스의 질로 뒷받침되고 있는가이다. 질이 양을 만들어냈다는 평가가 나오지 않으면 도서관원으로서는 부끄러울 것이다.

도서관 서비스의 질을 높이는 한 가지 방법으로, 우라야스에서는 각종 집회사업과 인쇄물 발행을 준비작업 단계에서부터 큰 비중으로 고려해왔다. 준비작업 중 짬이 나거나 여유가 날 때 시도하는 방법이 아니라, 지금 해야 하는 일로 생각했다. 하나의 이유는 시민의 요망이 강했다는 것이다. 그렇지만 우라야스에서 만드는 도서관은 대출과 레퍼런스뿐 아니라 그것을 돕는 각종 사업을 폭넓은 시야에 입각해 계속 시행하고자 했다. 각종 집회사업과 도서관에서 출간한 인쇄물이 도서관의 존재를 증명할 수 있는 일을 전개하고자 하는 꿈을 처음부터 그리고 있었다.

집회사업을 예로 든다면 강사로 누구를 초청할까, 무엇을 들을까는 도서관측의 기획력 문제이지만, 우수한 기획을 생각해내는 근원은 직원인 사서의 광범위하고 또한 깊이 있는 연구밖에는 없다. 지적 수준이 점차로 높아지고 있는 주부층을 중심으로 하는 불특정 다수가 가진 학습의욕과 흥미, 그리고 조금 앞을 정확하게 찾아내는 일은 상당한 역량이 필요하다. 그런 의미에서 사서들의 연구는 이 사업에서도 끝이 없는 접근이다. 어디까지라는 것은 있을 수 없다. 계속 공부하는 것이 살아 있는 것, 전문직이라는 것은 그런 숙명을 선택한 사람들이 아닐까?

교토 시가 도서관 운영을 외부 위탁으로 바꾸면서부터 그런 움직임은 나가노에도 일어났다. 결국 반론이 크게 끓어올라 나가노 시는 철회했지만, 도서관 위탁은 이후에도 영향을 미치는 문제이다. 발상자의 취지에는 도서관이 사회교육기관이라는 인식이 결여되어 있다. 도서관을 대여소를 대신하는 정도로밖에 생각하지 않는 인식인 것이다. 시민의 학습의욕에 높은 안테나를 펼치면서 끊임없이 전체적인 시야로 질의 향상, 보다 좋은 도서관의 방향을 탐구해 가는 것이 사서의 역할이다. 이용자와의 사이에서 끊임없는 왕복운동을 반복하면서 보다 좋은 쪽으로 도서관을 끌어올려가는 것이 사서의 직무이다. 거기에 눈을 맞추지 않고 경제성(실은 그것은 가장 비경제적인 것인데)만을 우선시하는 것은 도서관 그 자체를 부정하는 것으로 연결된다. 그런 발상을 확대해 나가면 실제로 무엇이나 위탁할 수 있다. 심지어 관청까지도 위탁할 수 있다는 생각에 도달하는 것이다. 도서관의 외부 위탁을 들었을 때 나는 "시내의 초·중학교를 당신은 위탁합니까?"라고 되묻고 싶었다. 전문직 입장에서 보면 똑같은 일으로 비쳐지는 것이다.

무엇이 전문성일까, 어느 곳에 사회교육기관으로서의 독자성이 있을까를 도서관은 적극적으로 보여주어야만 했다. 물론, 우수한 선진도서관은 대출에 앞서 참고봉사 업무를 두고, 우수한 서지 작성도 해왔다. 우라야스 도서관도 충실하게 그러한 것을 따라 도서관을 육성해왔다. 그러나 거기에 한 가지 더 덧붙이고 싶은 것이 있다. 명확한 질 서비스를 전개한다는 입장을 가지면서 집회활동을 실시하는 것이다.

직원의 자기연수는 앞에서 말했던 바대로 중앙관 개관 후 바로 직원의 연수 그룹을 시작했다. 아동봉사, 전산, 장애인 서비스, 참고봉사, 일반봉사, 시청각자료. 분관을 포함한 전 24명 직원은 위 어느 그룹에나 참가해 격주로 연수를 받았다. 그룹은 가능한 한 일상업무에서도 그 부문을 담당하도록 업무분담이 정해졌다. 또 각종 사업실시에서도 해당 그룹이 주축이 되어 시행하는 일이 많았다.

도서관의 주사업에 대해서는 1983·1984년 두 해의 실시사업을 이 책(161쪽부터)에서 제시했지만, 그 외에도 각 그룹에 의한 서비스가 풍부하게 실시되고 있다. 예를 들면 이동도서관의 갱신에 따른 자치회 여덟 곳에 대한 배본은 이동도서관 차가 순회한 후에도 다섯 곳이 자치회 문고로 변경되어 남아 현재에 이르고 있는데

이곳에 아동봉사 그룹 직원이 순서대로 이야기 출강을 하러 간다. 또 시내 어머니들의 뜻에 따라 '그림책 학습회'에도 참가해 모임의 학습향상에도 큰 추진력이 되고 있다.

자치회 문고와 시내의 유치원, 보육원 등에서 아동서 구입 예산액에 맞는 양서목록 의뢰가 오는 일도 종종 있다. 이 일도 또스가 계장을 중심으로 하는 그룹의 일이다.

당초에 그렸던, 도서관이 우라야스 지역에서 아동서 센터 역할을 하고자 한 의도는 어느 정도 달성되었다고 보아도 좋다.

장애인 서비스는 도서관의 일상업무로 앞에 서술한 서비스와는 약간 다르지만, 그룹 사람들의 의욕으로 점점 밀도가 높아지고 있다. 담당하고 있는 요코이 씨는 공공도서관에 근무하는 목적을 장애인 서비스에 두는 사람으로 일찍부터 수화도 몸에 익혔다. 또 한 사람의 담당자 모치즈키 씨와 함께 택배, 대면낭독과 이를 위한 대민봉사, 점자와 녹음 테이프로 완벽할 정도로 장애인에게 도서관 이용을 호소하는 과정을 통해 우라야스 도서관의 하나의 특색으로까지 장애인 서비스를 키워가고 있다. 낭독, 점역 등의 강습회 개최도 두 사람의 기획입안에 의한 것이다.

시민에게서 큰 호응을 받은 명작영화감상회는, 첫회에 개관기념으로 <라쇼몽(羅生門)>을 상영했고 이후 1984년 말까지 23편 38회 상영했다. 첫해에는 4만 엔으로 16밀리 필름을 빌려 3개월 정도 상영해왔으나 상영회수를 늘려달라는 요구가 강했다. 그래서 국내외 비디오를 100편 구입해 시청각실의 비디오 프로젝터로 확대해보는 것으로 충분히 감상할 수 있다고 판단해 매월 두번째 토·일요일 상영으로 바꾸었다.

비교적 젊은 시민들은 이름만 들은 과거 명화를 보지 않는다. 보고자 해도 오래된 명작을 상영하는 영화관은 적다. 또 우라야스에는 영화관이 없었다. 영화감상회는 여러 도서관이 실시한 사업으로 우라야스만이 자랑할 수 있는 것은 아니었지만 이미 상업적이지 않은 과거 작품을 선택해 상영한 이유는 여기에 있었다.

또 명작영화는 문예작품을 영화로 한 것이 많다. 이는 독서회 활동과 연계될 수 있다. 자신들이 읽은 것과 영화는 어디가 다른가, 감독은 원작의 무엇을 삭제하고 무엇을 강조했는가. 독서회 사람들에게 이는 귀중하고 재미있는 자료이다.

자크 페데, 뒤비비에, 마르셀 까르네 등의 1930년대 프랑스 영화를 상영하면, 아테네 극장 및 코미디 프랑세즈의 명연출가이자 배우인 루이 주베의 연기를 우리는 영화로 지금 알 수 있다. 명작영화회를 평일에도 해주달라는 요청에 따라 화요영화회를 만들어 감독 특집으로 상영하고 있다. 참고로 3월부터 5월 상순에 걸친 화요영화회 안내와 1985년도 명작영화 감상회 일정을 보자.

◎ 화요영화회 안내

[오즈 야스지로(小津安二郎)특집]

3월 5일(화) <한 아버지가 있었네> 1942년 94분(B/W)
감독·각본 오즈 야스지로
출연 류 치슈우, 사노 슈지, 사부리 신

3월 12일(화) <외아들> 1936년 103분(B/W)
감독 오즈 야스지로
원작 제임스 마키
각본 이케다 다다오
출연 이이다 조코, 히모리 신이치, 쓰보우치 요시코

3월 19일(화) <나가야 신사록> 1947년 72분(B/W)
감독·각본 오즈 야스지로
출연 이이다 조코, 아오키 호히, 가와무라 쇼히치

3월 26일(화) <만춘(晩春)> 1949년 108분(B/W)
감독 오즈 야스지로
원작 히로츠 가츠오 <아버지와 딸(父と娘)>
출연 하라 세츠코, 류 치슈우, 쓰키오카 유메지

4월 2일(화) <고바야카와가의 가을> 1961년 90분(C)

감독 오즈 야스지로

각본 노다 고우코

출연 하라 세츠코, 쓰카사 요우코, 단 레이코, 모리시게 히사야

4월 9일(화) <태어나 보았지만(오즈 야스지로에게)> 1963년 120분(C)

(작품의 명 장면과 주위 분들의 증언으로 되짚어보는 오즈 야스지로라는 사람과 업적의 발자취)

감독·각본 이노우에 가즈오

출연 기시 게이코, 쓰카사 요우코, 아리마 이네코

[미조구치 겐지(溝口健二)특집]

4월 16일(화) <적선지대> 1956년 86분(B/W)

감독 미조구치 겐지

각본 나루사와 마사시게

출연 교 마치코, 와카오 아야코

4월 23일(화) <게이샤> 1953년 85분(B/W)

감독 미조구치 겐지

원작 가와구치 마츠타로

각본 요다 요시카타

출연 와카오 아야코, 고구레 미치요

5월 7일(화) <오하루의 일생> 1952년 137분(B/W)

감독 미조구치 겐지

원작 이하라 사이카쿠 <好色一代女>

출연 다나카 기누요, 미후네 도시로, 야마네 도시코

일시 매주 화요일(휴관일은 제외) 오전 10시 15분부터

정원 선착순 100명

장소 중앙도서관 시청각실(2층)

◎ 명작영화 감상회 예정표(사정에 따라 변경되는 경우가 있습니다)

4월 13일(토)·14일(일) <홍당무> 1932년 91분(B/W)

감독·각본 줄리엥 뒤비비에 (Julien Devivier)

원작 르나르 <홍당무>
출연 아리 보르(Harry Baur), 로베르 리농(Robert Lynen), 까트리스 퐁트니(Cathrine Fonteney)
5월 11일(토)·12일(일) <그들은 다섯이었다> 1936년 99분(B/W)
감독 줄리앙 뒤비비에
각본 샤를 스파크(Charles Spaak)
출연 장 가방(Jean Gabin), 비비안느 로망스(Viviane Romance), 샤를 카넬(Charles Canel)
6월 8일(토)·9일(일) <망향> 1936년 95분(B/W)
감독 줄리앙 뒤비비에
각본 앙리 작송(Henri Jeanson)
출연 장 가방, 루카스 기도(Lucas Gridoux), 미레이뉴 바란(Mireliie Balin)
7월 13일(토)·14일(일) <빨간 풍선> 1956년 34분(C)
감독·각본 알베르 라모리스(Albert Lamorisse)
출연 파스칼 라모리스(Pascal Lamorisse)
1956년도 칸영화제 단편부문 그랑프리
1956년도 루이 데릭 상
1956년도 프랑스 시네마 상
<하얀 말> 1953년 40분(B/W)
감독 알베르 라모리스
출연 아랑 에무리(Alain Emery)
1953년도 칸 영화제 단편부문 그랑프리
1953년도 프릭스 장 비고 상
8월 10일(토)·11일(일) <진공지대> 1952년 129분(B/W)
감독 야마모토 사츠오
원작 노마 히로시 <眞空地帶>
각본 야마가타 유우사쿠
출연 기무라 이사오, 시모무라 츠토무, 가토 요시, 니시무라 고이치
9월 7일(토)·8일(일) <항구의 마리> 1949년 97분(B/W)
감독 마르셀 카르네(Marcel Carne)
출연 장 가방, 니콜 크르셀(Nicole Courcel)

10월 12일(토)·13일(일) <애인 줄리에트> 1951년 93분(B/W)
감독 마르셀 카르네
출연 제라르 필립(Gerard Phillipe), 수잔 크르치에(Suzanne Cloutier)
11월 9일(토)·10일(일) <주정뱅이 천사> 1948년 98분(B/W)
감독 구로사와 아키라
출연 시무라 다카시, 미후네 도시로, 야마모토 레이자부로
12월 7일(토)·8일(일) <오하루의 일생> 1952년 137분(B/W)
감독 미조구치 겐지
원작 이하라 사이카쿠 <好色一代女>
출연 다나카 기누요, 미후네 도시로, 야마네 도시코
1월 11일(토)·12일(일) <씁쓸한 맛> 1949년 109분(B/W)
감독 주세페 데 산티스(Giuseppe De Sntis)
각본 코라도 아르바로(Corrado Alvaro)
출연 빅토리오 가스만(Victtorio Gassman), 실비아나 망가노(Silvana Mangano), 도리스 다우링(Doris Dowling)
2월 8일(토)·9일(일) <요짐보> 1961년 110분(B/W)
감독·각본 구로사와 아키라
출연 미후네 도시로, 도우노 에이지로, 가와즈 세이자부로
베니스 국제영화제 남우주연상
3월 8일(토)·9일(일) <폭풍> 1956년 108분(B/W)
감독 이나가키 히로시
원작 島崎藤村 <폭풍>
각본 기쿠시마 류조
출연 류 치슈우, 구보 아키라, 다나카 기누요, 유키무라 이즈미

장소 중앙도서관 시청각실 2층
정원 각 100명(선착순 마감)
신청 중앙도서관 전화 52-4646
등록 전화로 매월 1일(1월을 제외) 오전 8시 30분부터

◎ 1983년도 실시사업

사업명	내용	개최일	참가수 대상

명작영화감상회

<우게츠 이야기> 감독 미조구치 겐지 7월 23, 24일 각200명 일반

<나라야마 부시코> 감독 이마무라 쇼헤이 10월 1, 2일 상동 상동

<지카마츠 이야기> 감독 미조구치 겐지 12월 17, 18일 상동 상동

<무도회의 수첩> 줄리앙 뒤비비에 84. 2. 18-19 상동 상동

문학산책

에도가와 근처를 방문해서 5월 13일 50명 일반

지바현 공공도서관협회 총회기념 강연회

'도서관과 나의 일' 강사 5월 31일 300명 일반

어린이도서 강좌

1 고전그림책과 현대 그림책 6월 8일 매회75명 주부

2 그림책 속의 어린이와 어머니 6월 15일 상동 상동

3 그림책 전개, 넘기는 재미 6월 22일 상동 상동

책을 읽는 어머니의 독서감상문 모집

독서감상문 콩쿠르 7월 1일-9월 10일 응모작75편 주부

스토리텔링을 듣는 모임

강연과 대화 강사 아라이 도쿠코 9월 16일 40명 주부

지바현 YBC대회 기념강연회

'글을 쓰려는 사람들을 위해' 강사 10월 7일 250명 일반

합동독서회

'나라야마 부시코' 후카자와 시치로 9월 6일 24명 일반

역사산책

가마쿠라의 사적과 역사박물관 탐방 10월 28일 50명 일반

제2회 책을 읽는 어머니의 모임

감상문 표창 및 기념강연회 강사 가토 사치코 11월 11일 250명 주부

저자간담회

1 '긴기라긴' 강사 장사 쇼지 하지메 11월 17일 30명 일반

2 '도쿄의 로빈슨' 가네코 기미 1984년 3월 9일 35명 상동

크리스마스 모임

중앙도서관 및 각 분관 12월 20일 83명 아동

인형극 <나의 원피스> 노래 부르기 21일 125명 상동

기타 22일 67명 상동

		개최일	참가수	대상
		23일	83명	상동
히나 인형을 만들자				
	마키비나강연회	1984년 2월 25일	50명	5세-아동
복각 고전그림책 전시회				
	오즈본 콜렉션, 베를린 콜렉션, 뮌헨 낱장그림 전시			
		3월 8, 9일	80명	일반

◎ 1984년도 실시사업

사업명	내용	개최일	참가수	대상
명작영화 감상회				
	<버마의 하프> 감독 이치가와 공	6월 2, 3일	각2백명	일반
	<남동생> 상동	7월 14, 15일	상동	상동
	<들불> 상동	8월 25, 26일	상동	상동
	<산다는 것> 감독 구로사와 아키라	9월 9, 16일	상동	상동
	<당신은 바람처럼> 감독 무라야마 신지	10월 7일	상동	상동
	<인생유전> 감독 마르셀 카르네	10월 13, 14일	상동	상동
	<풀피리> 감독 도요다 시로	11월 10, 11일	상동	상동
	<몽빠르나스의 종> 자크 페케르	12월 8, 9일	상동	상동
	<이즈의 무녀> 감독 노무라 요시타로	1월 12, 13일	상동	상동
	<외인부대> 자크 페데	2월 9, 10일	상동	상동
	<여자들의 도시> 자크 페데	3월 9, 10일	상동	상동
명작영화 앙코르 상영				
	<산다는 것> 구로사와 아키라	11월 25일	각100명	일반
	<인생유전> 감독 마르셀 카르네	1월 27일	상동	상동
화요영화회				
	<한 아버지가 있었네> 감독 오즈 야스지로	3월 5일	각50명	반
	<외아들> 상동	3월 12일	상동	상동
	<나가야 신사록> 상동	3월 19일	상동	상동
	<만춘> 상동	3월 26일	상동	상동
문학산책				
	가모메·다자이 방문	5월 25일	45명	일반
합동독서회				

'남동생' 고다 후미 저 7월 3일 20명 일반

어린이도서 강좌

1 유아 그림책에 대해 7월 5일 매회75명 주부

2 그림책 선택방법, 기증방법 7월 11일 상동 상동

3 나의 그림책 만들기 7월 18일 상동 상동

책을 읽는 어머니의 독서감상문 모집

독서감상문 콩쿠르 7월 1일 - 9월 10일 응모수 61편 주부

과학으로 놀자

열기구를 만들자 강사 나구라 히로시 8월 24일 48명 초등학생

역사산책

현립 보소* 風土記의 언덕을 찾아 10월 18일 35명 일반

제3회 우라야스 시 책을 읽는 어머니 모임

감상문 표창 및 기념강연회 강사 11월 6일 200명 주부

점역강습회(초급)

점역자 양성 강좌 전 5회 강사 11월 22, 29 각21명 일반
12월 4, 13, 20일

크리스마스 모임

중앙도서관 및 각 분관 12월 19일 100명 아동

인형극 '브도리네크', 노래부르기 12월 20일 200명 상동

기타 12월 21일 79명 상동

어머니를 위한 문학강좌

좋은 문장이란! 이제부터 글을 쓰는 사람이다 1월 11, 18일 각 89명 주부
살아있는 강좌 강사 마츠시마 기이치 25일

저자간담회

1 '은꽃' 외 강사 사토 마사타카 1월 30일 19명 일반

2 '제2의 세계' 강사 가사지마 쥰 3월 28일 31명 일반

낭독강습회(중급)

낭독경험자가 녹음도서 작성에 대한 강좌를 함 2월 15일 각20명 일반
강사 야마모토 가즈코 3월 1, 8, 15, 22일

---

* 지바 현의 옛 이름—역자

영화는 시청각자료 그룹의 이타바시 씨가 담당하고 있다. 사람도 돈도 들이지 않고, 반향이 크고 유리한 도서관 집회사업이다.

도서관의 집회사업이라 하면 연 1회나 2회 적은 예산을 쏟아부어 저명인을 초청해 차를 마시는 것이 고작인 지방 도서관은 이마저도 불가능한 상황이지만, 어느 마을에서나 영화관이 쇠퇴하고 있는 요즘 도서관이나 공민관이 이런 부분을 개척해 집회사업을 작게나마 이어간다면 다방면에 파급효과가 생기리라 생각한다. 비디오 프로젝터와 비디오 테이프 구입은 그 정도 예산이면 충분하기 때문이다.*

우라야스 도서관에서 시행한 집회사업으로 가장 반응이 컸던 행사는 '어머니를 위한 문장강좌'이었다. '문장을 쓰는 것은'에서부터 시작해 원고지 사용법, 좋은 문장과 나쁜 문장, 그리고 문장 첨삭까지 전3회로 총 280명이 참가했다. 강좌를 마친 참가자들한테서 많은 반응이 있었다. 이 사업은 '책을 읽는 어머니의 독서감상문' 모집 응모자들의 강한 희망으로 개최한 사업이었다. 강사로 집영사(集英社) 편집부 마쓰시마 기이치 씨(≪쓰바루(すばる)≫ 창간 당시 편집자로 많은 작가를 세상에 배출했다)를 섭외할 수 있었는데, 주부층의 요구에 도서관이 적절하게 대응한 사업이었다. 도서관과는 별도이지만 이 문장강좌는 다시 잡지 창간으로 발전했다. 발기인이 나타나 설득하자 수강생 중 25명이 호응해, 우라야스에 '미도리회'라는 동인잡지 그룹이 생겨났던 것이다.

시간이 지남에 따라 새로운 도서관에 대한 기쁨이 시민들 사이에 퍼져갔다. 시차를 두지 않고 시내 각 곳에 분관을 만든 것이

* 저작권법 제38조에 따라 영리를 목적으로 하지 않고, 대가를 징수하지 않는 비디오 상영회는 합법으로 고려되어 왔다. 프로젝터의 보급으로 도서관에서는 비디오 소프트웨어를 이용한 상영회가 활발해졌으며, 1990년대 후반경에 와서는 배포권, 상영권을 가진 저작권측에서 이익침해를 이유로 도서관 상영회에 자숙요청을 요구하는 목소리가 커지고 있다. 현재 도서관계와 권리자측은 상영회나 비디오의 개인대출에 대한 보증료 결정문제를 교섭 중이다.—저자

효과적이었다. 우라야스 마을에서는 급속하게 도서관 여론이 형성되었다. 개관 기념품으로 나누어준 노란 손가방이 어딜 가나 눈에 띄었다. 어린이뿐만 아니라 주부, 노인, 학생, 아가씨 모두가 그것을 들고 걸어다니고 있었다. 최연장자 의원이 노란 가방을 들고 의회장에 들어오는 것도 마주쳤다.

신문보도가 계속되었다. 텔레비전 취재도 있었다. 잡지에서 원고의뢰도 시작되었다. 그리고 시찰 인파가 밀어닥쳤다. 조사해보면 1983년에만 192단체가 왔다. 토·일요일과 휴관인 월요일을 빼면 하루에 한 건 이상으로 시찰이 이루어졌다. 1984년이 저물어가는 지금도 계속 되고 있고, 홋카이도에서 오키나와까지 전국에 이르고 있다. 자치단체의 장, 의원단, 시민운동 관계자, 대학, 연구소, 컴퓨터 회사 등에서 여러 사람들이 왔지만, 가장 많은 것이 공공도서관 관계자들이었다. 특히 새 도서관을 세우고자 하는 자치단체에서 온 시찰이 눈에 띄었다. 만나보면 준비를 담당하고 있는 사람이 반드시 전문직은 아님을 알 수 있다. 선무당 같은 상태로 도서관협회를 방문하고, 그곳에서 몇몇 선진 도서관의 개요를 듣고 방문 온 경우가 많았다.

바로 어제까지의 기억 때문에 시찰자 입장을 생각하게 되었다. 방문한 사람들이 소비한 시간을 아깝다고 생각할 때, 여기까지 오는 동안 히노를 시작으로 많은 도서관에서 배운 것을 이번에는 돌려줄 차례가 되었다고 생각하자 부끄러움을 느꼈다. 우리 도서관이 이후 도서관 만들기의 초석이 된다면 그 이상의 기쁨은 없기 때문이다.

구 도서관의 어두운 방에서 준비에 몰두하면서 언제나 느낀 것이 있다. 전국에서, 현내에서 차례로 도서관이 건립되고 있는데 거기에 종사하는 사람들이 만들었을 사무 수준의 총체적인 자료가 남아 있지 않다는 것이다. 시찰자 또한 그런 자료를 구하고 있다. 예를 들면 개관까지 업무량을 어떻게 추정하는지, 인원요구를 어떻게 했는지, 직무내용, 비품구입, 전산도입, 개관 준비 등에 관한 자료를 보여주면서, 이 자료들을 한 권으로 묶어두어야겠다고 생각했다. 인원보충 때문에 행정당국과 절충할 때에는 항상 면밀한 자료를 준비해 간—현립도서관에서 나올 때 관에서는 이유를 끝까지 대야 했다고 후지가와 씨에게서 들었던 일이 뇌리에 각인되어 있다—것이 도움이 되었다.

스가 계장과 도코요다, 이다 씨가 노력해서 얼마 되지 않아 『우라야스 시립도서관 설치경과 자료집(浦安市立圖書館設置經過資料集·同補遺)』이 나왔다. 나는 이 자료를 낸 배경에도 우라야스 사람의 기질에 힘입은 바가 적지 않다는 것을 깨달았다. 제작할 때는 인쇄제본비를 지출했는데 그것은 예산에 책정되어 있지 않았다. 그것을 지적하면 어쩔 수 없이 그 자치단체의 도서관 준비를 위해 왜 돈을 사용했는가라는 접근이 나올 여지는 있을 것이다. 그런 소리가 전혀 없을 뿐만 아니라 완성된 대형 자료집을 많은 사람이 기쁘게 손에 쥐었다.

이 자료 간행은 ≪도서관잡지(圖書館雜誌)≫에도 소개되었다. 협회 구리하라 사무국장은 관보 '우라야스 도서관'에서 이 자료집에 대해 다음과 같이 서술하고 있다.

> 우라야스 도서관 활동이 시작된 지 반 년, 이 도서관은 위와 같은 자료집을 편집 간행했다. 이것은 다케우치 관장이 글머리에 서술한 대로 도서관 계획의 진행에 따라 발생한 요구들을 구체화하기 위해 관계 방면(주로 재정담당자)에 대한 설명자료로 작성되었다. '이동도서관 차 갱신'에서 '제 규칙의 책정'에 이르는 도서관 창설 시 모든 담당자가 직면하는 가장 기본적인 도서관 운영방침에 대한 성문자료를 집대성한 것이다.
>
> 이를 통람할 때 이제까지 수많은 선진도서관의 실적을 근거로 삼아 우라야스 시라는 특정 도시에 새로운 공립도서관을 건설한 관장의 견식과 성의, 또 도서관 운영에 대한 자부를 느낄 수 있다.

특히 전산기 도입 시기의 방식과 인원요구자료, 시설계획에 관한 표지(Sign) 관계 자료에 이르는 광범위한 각 방면의 문제를 다루는 방법과 세부적인 일도 소홀히 하지 않는 점 등 이후 도서관 건설 담당자에게는 배워야 할 점이 많다(「전국적 시야에서 본 우라야스 시립도서관의 의미(全國的視野から見る浦安市立圖書館の意味)」, ≪우라야스 도서관(うらやすとしょかん)≫ 제3호).

과분한 평가를 받았지만 나와 비슷하게 현립도서관에서 소데가우라 정립도서관 준비실에 온 이무라 도메조 씨는 잠시도 손에서 놓지 않았던 자료라고 만났을 때마다 말했다. 우리들의 의도가 조금은 이루어진 것인지도 모른다.

이 장을 집회사업의 전개에서부터 시작했다. 좀더 좋은 도서관 서비스의 질이 집회사업만으로 달성된다고 말할 생각은 아니다. 우라야스가 가진 네트워크, 전산 시스템, 직원 24명 중 사서 18명이라는 인원배치(특별히 시가 연령제한에 구애받지 않고 사서를 채용해준 일, 예를 들면 마지막으로 직원에 채용된 네즈 씨는 30대 중반의 나이이지만 게이오 대 도서관정보학과를 졸업하고 기업의 도서실에게 서양잡지와 참고봉사를 취급한 실력을 높이 사 채용되었다) 등 모두가 도서관 서비스의 질을 결정하는 요인이라는 점은 다시 언급하지 않아도 될 것이다.

올 1년간 시민1인당 11.3권

한 세대당 35.4권을 대출했습니다.

이를 출판물 평균단가 2,712엔(『출판연감』 1983)으로 환산하면

시민 1인당 (인구 83,150명 1983년 1월말)

=15,917엔

1세대당 (세대수 26,492 1983년 1월말)

=49,964엔

* 환원액={(총대출책수 * 평균단가)-필요경비①②③}÷인구수(세대수)

이 액수만큼의 세금을 돌려받았다고 말할 수 있습니다.

총대출수를 환산하면

25억4,424만9,240엔이 됩니다.

① 도서관건설비에 9억8,295만7천 엔

② 1983년도 자료비에 1억282만3천 엔

③ 1983년도 제경비(인건비는 추정치)에 1억3,481만5천 엔을 빼면

13억2,365만4,240엔

또 1개관의 중앙도서관을 건설할 정도의 순익입니다!!

우라야스에 전국 제일의 도서관이

1984년 예산이 확정되고 시장, 비서, 재정담당자들이 기자회견을 가졌다. 기자회견장에서 나에게 전화를 해 그 자리에 빨리 오도록 한 일이 있다. 신년도 예산에도 도서관 자료구입비가 높은 것이 기자들의 관심을 끌게 된 것 같았다. 확실히 우라야스 시립 도서관의 자료구입비는 같은 규모의 자치단체 가운데서는 3년 연속 전국 제일을 기록하고 있다. 게다가 분명히 4년째의 예산도 그렇게 될 것이다.

1980년	300만 엔
1981년	6,300만 엔
1982년	1억1,350만 엔
1983년	1억280만 엔
1984년	1억340만 엔
1985년	1억400만 엔

인구 1인당 1천 엔 이상의 자료비가 계속 오르고 있다는 것은 주목받기에 충분했다. 그러나 이렇게 후한 대접을 받고 있는 도서관이 그에 합당한 일을 시민에게 하고 있는가?

명확하게 드러나지는 않았다. 그런데 이 질문은 반드시 정밀함이 필요할 것이다. 우리들은 또 자료를 만들었다. 1983년 3월 1일 개관한 후부터 1년간 대출권수에 도서의 출판평균단가를 곱해 경제효율을 산출해보았다.

그 숫자는 우리들 스스로도 놀랄 정도로 높은 것이었다. 나는 그것을 시장에게 보고했다. 시장이 나를 불렀을 때 기자들에게 그 자료를 보여주는 것이 좋겠다고 생각했다.

앞의 표는 그 자료이다. 말하자면 순이익에 상당하는 금액을 인구수로 나누면 1인당 약 1만6천 엔, 세대당으로는 약 5만 엔의 금액이 시민에게 환원된다는 것이다.

나는 다음과 같은 그래프도 제시했다.

상위 3개 도서관의 시민 1인당 대출권수

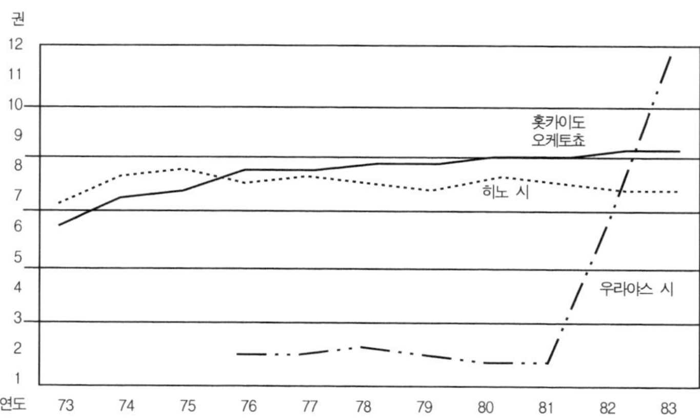

이는 일본도서관협회의 상임이사로 전국 도서관 수치를 공들여 취합하고 있는 나미에 겐 씨가 『도서관연감(圖書館年鑑)』을 위해 작성한 것이다.

도서관 서비스를 느닷없이 돈으로 환산해 제시한 것에 대해서 기자들이라 해도 다소 놀랐던 모양이었다. 그리고 왜 우라야스에 이런 일이 일어났는가가 다음 화제였다. 중앙도서관만이 아니라 상당 규모의 분관이 생활권 내에 보장되어 있는 것, 시민의 다수가 '걸어서 10분' 이내에 도서관을 갖고 있는 것에 대해 말했다. 말하는 중에 기쁨이 넘쳤다. 말이 술술 나왔다. 숫자가 음표같이 넘쳐 났다. 시내 초·중학생의 89%가 도서관을 이용하고 있다. 이런 자치단체가 일찍이 또 있었을까? 네트워크가 그것을 만들어내고 있는 것이다. 행동반경이 좁은 어린이에게조차도 이 '걸어서 10분'은 큰 의미를 갖는다. 아동서 대출비율이 중앙관에 비해 모든 분관에서 상회하고 있는 것을 보면 그 의미를 이해할 수 있다.

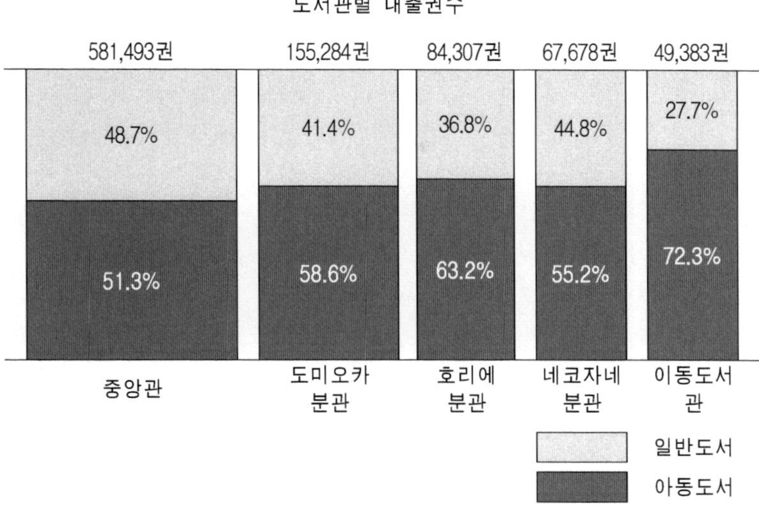

이것일까, 이것일까 설명을 하는 일이었다. 설명하고 싶은 것이 많았기 때문에 자연히 그랬다. 질이 높으면서 쉽게 홍보를 할 수 있는 것은 앞의 말 때문이었다. 예를 들면 1984년도 말 이용등록인은 전 인구의 52%(1982년부터 누적)이다. 높은 수치이긴 하지만 그것을 기뻐하기에는 아직 이르다. 뒤집어보면 시민의 반 이상이 가까운 거리에서도 도서관을 이용하지 않는다는 것을 보여주고 있기 때문이다.

기자들이 던진 볼을 확실하게 받아낸 것은 사실이었다. 우라야스에 이용률 전국 제일의 도서관이 생겼다는 것은 지방판보다 전국판의 기사가 되었다. 기자들이 기사로 다루어준 것이 기뻤다. 그리고 바로 우라야스 시립도서관의 실정이 현판(縣板) 지역신문뿐 아니라 여러 전국판에 게재되었다.

비교적 이른 시기에 '우리 시는 도서관 왕국'이라고 일면의 반을 할당해 우라야스 도서관을 보도해준 한 신문을 여기에 소개해보자. 전국지는 아니지만 지바 현과 관계없는 나가노 현 신문이

이 정도로 취급해준 것도 또 다른 의미에서 매우 인상적이었다.

> 도쿄 디즈니랜드가 있는 고장으로 일약 유명해진 지바 현 우라야스 시에 또 하나 '명물'이 탄생했다. 시내 반경 1km마다 도서관을 만들고, 컴퓨터 온라인으로 시민이 쉽게 이용할 수 있는 '책과 친숙한 시 만들기'에 본격적으로 나선 것이었다. 전부 4개의 도서관이 있고 이용상황도 높다. 시민 1인당 연간 12권(이 당시의 추정치) 대출이라는 아주 높은 비율이다. 새로운 시대의 시정촌 도서관 원형으로 주목되어 도서관은 입관자만이 아니라 전국에서 온 견학자를 맞이하는 일에 쫓기고 있다(≪信濃每日新聞≫, 1983년 7월 4일).

이같이 개략적으로 설명한 후 네트워크, 자료비, 이용상황 등을 상세하게 보도하고 있다.

기사에도 있는 대로, 디즈니랜드는 중앙관이 개관한 다음달 1983년 4월에 개원했다. 인기는 급상승했고 많은 사람이 방문했다. 시민도 폭발적으로 고양되고 마을에 넘쳐나는 디즈니 색에 여러 심리적 영향을 받았는데, 그로 인해 도서관 이용이 떨어지지 않을까 우려했지만 어떤 영향도 전혀 나타나지 않았다. 강조하자면 지방의원들의 도서관 시찰이 디즈니랜드 유람이 아닐까 하는 다소 심술궂은 신문보도가 한두 번 보이는 정도였다. 실제로는 대단히 열심히 시찰을 했다. 앞에서 말한 입관료 운운하는 의원도 없진 않았지만 다수는 도서관 정책을 개척하면 표로 연결된다는 것을 깨닫기 시작한 사람들이었다.

우라야스 시민에 한해 말하면 디즈니 열풍은 일회적인 것이었다. 그것은 당연하다. 전국적으로 알려진 새로운 지역명소라 해도 사람들이 계속 디즈니랜드와 살지는 않기 때문에 축제분위기가 시들면 관심은 낮아진다. 공원이 좋다고 해서, 거기에서 살지는 않는 것과 같은 것이다. 따라서 시민에 한해 말한다면 디즈니랜드

보다 우라야스에는 도서관이 있다. 결코 편들려고 하는 말이 아니다. 시간이 지남에 따라 점점 그 일은 선명해졌다.

개관 1주년에 대출은 93만8,345권이었다. 100만 권이 되는 것은 순식간이다. 우리들은 1주년 기념으로 또 현수막을 걸었다.

'축 개관 1주년 대출 90만 권 돌파.'

100만 권을 하나의 이정표로 해도 좋을 것이라고 생각한 도서관에서는 그 행운아에게 꽃다발과 작은 기념품을 주려고 계획했다. 많은 이용으로 호응해준 시민에게 우리들이 감사의 마음을 보여주려는 것이었다. 그 계획에는 장난기를 띤 부분도 있어 우리들은 그것을 즐기고 있었다. 100만 번째 책을 대출한 사람은 소학교 남학생을 둔 주부 하라 에이코 씨였다. 하라 씨는 도서관보에 다음과 같은 감사를 표시했다.

> 일곱 자리 숫자에 인연이 있는 것은 우리 생활 중에서 큰 기쁨입니다. 유일하게 주택 임대료가 여덟 자리라는 사실을 제외하면 남편의 월급이 여섯 자리인 이상 보통 쇼핑은 네 자리에서 다섯 자리에 그치는 숫자가 가계부에 나열되는 것이 사실입니다. 결국 나에게 백만이라는 일곱 자리 숫자는 일종의 동경과 공포가 섞여 있는 숫자라고 생각합니다.
>
> 그런 내가 시립도서관의 대출 백만 번째에 '당첨되었다'는 사실은 확실히 도리에 어긋나는 일입니다. 게다가 그것도 선거 당시에나 볼 수 있는 분이라고 생각했던 시장으로부터 꽃다발과 도서상품권을 받고, 카메라에 둘러싸였을 때는 기쁘기보다도 부끄럽다는 것이 먼저였고, 함께 온 아들을 의지해 겨우 그 자리를 가다듬었던 일을 기억하고 있습니다.
>
> 우라야스에 살기 시작한 지 3년째. 해마다 '우리 고장'이라는 의식이 강해진 나에게 이번 시립도서관이 시행한 일곱 자리 해프닝은 살고 있는 마을과의 관계에서 '이주민'이라는 의식을 '시민'으로 정착시킨 중요한 역할을 했다고 생각합니다(「백만 권째의 놀라움(百萬冊目の驚き)」, 하라 에이코, ≪우라야스 도서관(らやすとしょかん)≫ 제4호).

1984년 가을도 저물어갈 즈음 일본서적출판협회 도서관위원회(회장: 정문사 사장 나카무라 가츠야 씨)의 50명 정도가 견학을 왔다. 견학을 담당한 간사는 도쿄 창원사 사장 히라마츠 이치로 씨였다. 크고 작은 출판사의 요직에 있는 사람들의 견학이었다. 희망에 따라 가진 견학 후 도서관 직원들과의 간담회에는 시장, 교육장도 동석했다. 서로 중요한 문제가 제기된 의미 있는 모임이었다. 모임에서 나온 이야기를, 회장인 나카무라 씨가 보내준 ≪출판광보≫ 기사 인용으로 소개하고자 한다.

대출 일본에서 제일
우라야스 시립도서관의 근황

지바 현 우라야스 시 시립도서관이 각 방면의 주목을 받고 있다. 『아오베카 이야기』와 도쿄 디즈니랜드로 알려진 인구 약 8만5천 명인 이 고장에 세번째 명물이 탄생했다고 말하고 있다.

우라야스 시립도서관의 도서구입비(연간)는 3년 연속 1억 엔을 상회해 시민 1인당으로 환산하면 약 1,300엔이 된다(1983년도). 1인당 도서구입비가 네 자리 수를 넘는 것은 공공도서관이 시작된 이래 기록으로 전국 제1위. 1인당 대출권수에서도 처음으로 연간 10권 선을 넘어 단연 1위. 대출등록자는 이번 10월로 시민 전체의 반수를 넘고, 소중학교 학생으로는 89%에 이른다고 한다.

자치단체의 재정난이 언급되고 있는 작금에서 이런 충실의 비밀은 어디에 있는 것일까? (사)일본서적출판협회는 이번 11월 16일 도서관위원회 멤버와 회원 중 뜻 있는 사람 약 50명으로 '우라야스 시립도서관 견학모임'을 개최했다(인용자주: 이후 네트워크와 전산시스템에 대해 언급하고 있으므로 생략).

한편 이 우라야스 도서관을 더 한층 두드러지게 하는 것은 신체장애인과 시각장애인 활동이다. 도서관을 필요로 하는 사람 누구나 평등하게 이용할 수 있도록 책의 택배 대출제도와 사서가 하는 대면낭독, 희망에 따라 도서관에서 출입을 돕는 등 철저한 서비스에 열심인 직원이 뒷받침하고 있다. 다양한 면에서 공공도서관의 수준을 다시 쓰고 있는

> 우라야스 시립도서관이며 관계자의 정열이 건재하는 한 이후에도 계속 성장해 갈 것을 기대할 수 있다.
>
> 산다마 지구의 예를 들지 않아도 특출한 도서관의 존재가 인근에 영향을 주어 전체 수준을 향상시켜간다. 그것이 최근 공공도서관의 경향으로 출판계의 전체 매상에 점하는 비율도 서서히 커지고 있다. 다만 출판계가 지금 주목해야 할 것은 큰 수요자로서 도서관이 아니라 독서정보의 최선단으로서의 도서관이라는 사실일 것이다. 지금 어느 책이 읽혀지고 독자가 무엇을 원하고 있는가가 적확하게 파악되고 있는 것이 선진 공공도서관이다. 바꿔 말하면 출판기획의 정보원이라고도 할 수 있을 것이다. '독서보급'을 공통의 목적의식으로 하면서, 도서관과 출판 현장인이 솔직하게 말할 수 있는 '장'이 요구되고 있는 것은 아닐까(≪出版廣報≫ 1984년 12월 1일자).

간담회 자리에서 내가 말한 것도 인용 후반에 언급되었다. 책이 팔리지 않기 때문에 싸게 만들려고 한다. 출판비도 떨어뜨려 책을 만든다. 선정을 하면 책 같지 않은 책이 너무 많다는 기분에 우울해진다. 그러나 도서관에서 사람들이 손에 드는 책은 그런 출판경향과는 상당히 다르다. 사람들이 좋아하는 책이 비슷할지 몰라도, 물거품 같은 책 뒤에는 확실한 독자가 있어 내용 있는 것이 읽힌다. 베스트 독자에게 이름을 알리는 일이 없어도 순수하고 진실한 책은 꽤 많은 사람에게 대출되고 있다. 문학부문에서 들면 개인전집이나 번역소설이 우라야스에서는 비율이 높게 나오고 있다. 우라야스 도서관의 경향을 보편화해서 생각하면 안되겠지만 도시나 도시 주변의 신흥주택지 도서관에서 사람들이 어떤 책을 빌려가는가, 조금 더 주의를 기울였으면 좋겠다. 팔려고 하는 출판이 독자의 요구와 뜻에 맞지 않게 계획된다면 안된다.

우라야스 도서관 네트워크와 이용상황, 자료구입비를 알고 있는 소규모 출판인의 작은 왕국을 구축하자는 것으로 생각해서는 안된다는 의견이 가슴에 남았다. 좋은 책을 출판해도 팔리지 않는 자신들이 직면하고 있는 심각함과는 전혀 관계없는, 도서관 천국을 구가하고 있는 사람으로 우리들이 비쳐졌을지도 모르겠다. 그러나 그렇지만은 않다. 풍부한 내용의 책을 마음을 기울여 만들고 세상에 출판하는 출판사를 도서관은 뒷받침해야 한다고 생각하고 있다. 그런 소규모 출판사를 지키고 육성하는 일은 도서관 장서의 질을 지키는 것과 연결되기 때문이다. 이를 위해서는 반드시 많은 도서관이 구매력을 갖고 출판사가 목표를 쉽게 바꿀 수 없도록 해야 한다.

우라야스 도서관 만들기가 우라야스로 끝나도 좋다고 우리들은 한번도 생각해본 적이 없다. 히노를 시작으로 한 도서관 활동의 성과로 우라야스의 오늘이 있다는 것을 이해한다면 이 여파가 현 각지에 넓게, 강하게는 전국으로 파급돼 갈지도 모른다고 생각한다. 이런 생각 때문에 바로 일에 대한 정열도 생겨날 수 있는 것이다. 현실성 없는 길이지만 도서관이 구매력을 갖고 출판사에 믿을 수 있는 존재가 되는 것말고 방법은 없다. 그리고 사실 이 방법은 이미 현 내에서 몇 번인가 파문을 일으켰다.

앞서 말한 소데가우라 정 도서관 준비실의 1985년도 자료구입비는 당초 예산으로 9,090만 엔이었다. 인구 4만7천의 시였다. 인근 이치가와 시에서도 도서관이 새로 건설되고 있었다. 야치요 시에서는 도서관 문제에 관한 의회질문이 계속되었다. 우라야스의 영향을 각지에서 볼 때 아전인수격만은 아닐 것이다. 현의 안도우 사회교육과장이 우라야스가 현의 도서관 흐름을 바꾸었다고 발언한 것도 이런 움직임을 지켜보았기 때문일 것이라고 나는 생각했다.

견학자들이 나의 경력 등에 대해 질문하는 일이 있다. 현립도서관에서 오게 된 것을 말하면 "그렇습니까. 곧 돌아가겠군요"라고 말한다. 그때마다 나는 '그렇게 돌아가겠군. 머지않아'라고 생각했다.

1년을 연장해 3년이라는 처음의 약속 근무기간은 끝났고 빠르게 네번째 가을을 맞이하고 있다. 시장부국(市長部局) 직원은 건축과장이나 재정과장도 2년 간격으로 현에 돌아갔다. 과거에 도서관에서 온 사람으로 최장이 4년이다. 현에 돌아갈 시기가 가까워졌다. 그리고 현립도서관에는 오랜 현안이었던 서부 도서관 준비작업이 새해부터 시작될 것이다. 나와 있는 직원을 돌아오라고 해야 하는 실정임은 확실하다.

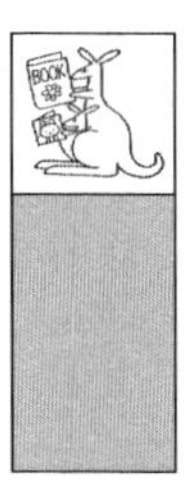

에필로그

도서관장을 그만둔 이야기

공원녹지과 직원이 4월에 열리는 묘목시장 기안서를 갖고 왔다. 도서관 앞의 종합주차장이 행사장이 되기 때문에 합의 도장을 받으러 온 것이었다. 묘목시장은 매립지에 녹음을 늘리려고 시가 힘을 쏟고 있는 녹화대책사업의 일환으로, 그날은 무상으로 묘목을 주기도 해 매년 많은 사람들이 몰린다.

지난해 묘목시장에서 받았던 벚꽃 묘목을 스즈키 씨에게 부탁해 뒤편의 공터에 심어둔 일과, 올해의 묘목시장이 열릴 즈음에는 이미 우라야스에 없을 것이라는 생각을 하며 도장을 찍었다.

후임으로는 사가이 씨가 내정되어 있었다. 현립도서관에서는 나보다 2년 선배로 마음을 속속들이 아는 사람이다. 나와 같은 도서관단대 별과를 마치고 한결같이 도서관에 종사해온 사람으로 도서관 운영이념을 크게 변화시켜 직원을 곤혹스럽게 할 사람은 아니었다. 규슈 출신으로 대대로 의사를 한 좋은 집안에서 자란

새로운 우라야스시립도서관 네트워크

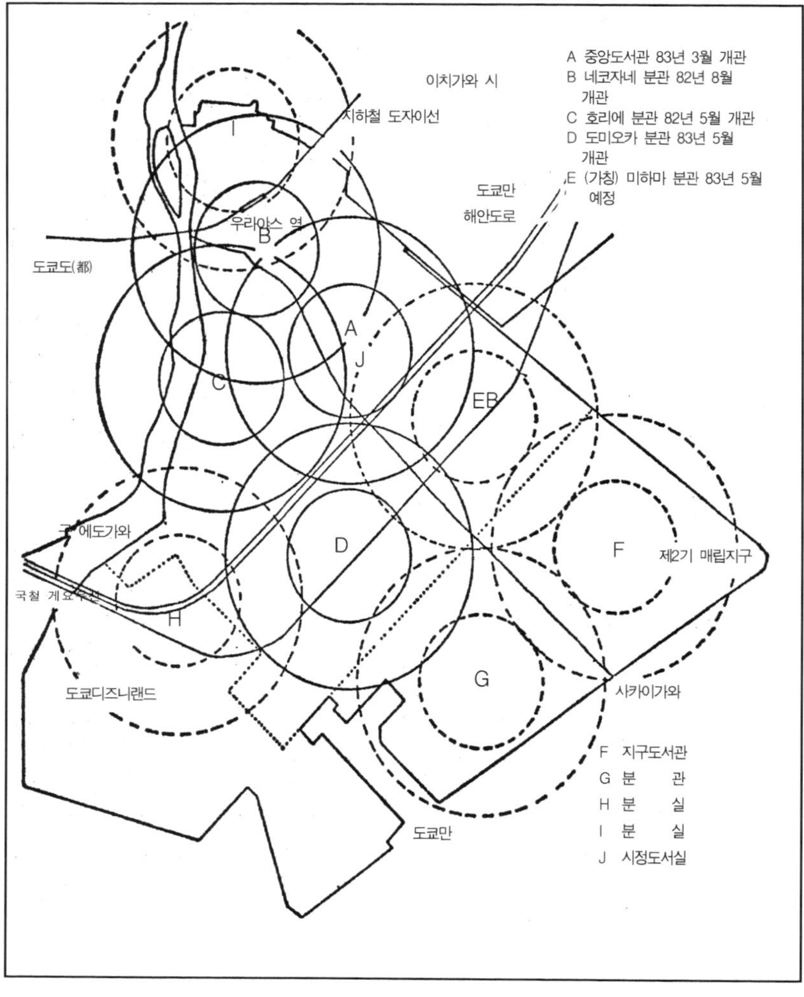

넉넉한 인품은 곧 직원들에게 존중받을 것이다.

돌아가기 전에 서둘러서 처리해두어야 할 것들이 있다. 1985년부터 입주가 시작될 제2기 매립지의 도서관 계획이었다. 대략 시장과 교육장에게 몇 번 구두로 전달하긴 했으나 결론을 말하는 것만으로는 왜 필요한지에 대한 논거가 없었다. 자료에 입각한 계획서 안을 성문화해서 제출하는 것이 좋다. 거기까지가 나의 책임이라고 생각했다.

계획의 골자는 50만 권을 내다보는 보존서고와 아무리 작게 잡아도 1천㎡를 벗어나지 않는 지구(地區)도서관, 현재와 같은 공민관 병설 분관이 한 개, 그리고 현재 1km 권에서 벗어나는 지역을 위한 두 개의 분실, 또 청사 증축 때를 내다보고 청사 내에 시정도서실을 두어 그것을 도서관 소관으로 운영해 나가는 것 등이다. 지역관은 히노 시의 다카하타 도서관을 본땄고 시정도서실도 마찬가지였다. 히노라는 목표점에 입각해 지금의 우라야스가 있다고 해도, 그것은 결코 히노 시립도서관보다 나은 운영이 우라야스에서 가능하다는 의미는 아니다. 열심히 노력해서 일본 공공도서관 최고의 자리에 와 있는 히노를 그렇게 쉽게 우리들이 뛰어넘을 수 있는 없었다. 배워야 할 것과 가르침을 얻어야 할 것들이 아직 많이 남아 있었다.

스가 계장, 도코요다 씨와 이다 씨 두 사람, 아동실 담당 도다 지즈코 씨는 밤늦게까지 남아 일했고 그들의 노력으로 「제 2차 우라야스 시립도서관 계획서(초안)」가 완성되었다. 이것은 도서관을 임의로 그린 장래 계획 초안으로, 현 시점에서는 사견임을 감안하여, 우리들이 그린 네트워크만을 소개한다. '걸어서 10분'이 이제부터 거주지역을 포함해서 100% 달성되고 중앙관, 지구관, 5분관, 2분실, 시정도서실로 이루어진 네트워크였다. 장서 100만 권, 인구 1인당 5권이 가능한 도서수용력을 갖자는 것이었다.

이와 같은 도서관이 우라야스에 생기는 것은 언제일까? 여기까지 올 수 있었던 우라야스다. 그 에너지를 생각해보면 세계 어디에 소개되어도 손색없는 '도서관 도시'의 실현이 가능하리라 여겨진다.

되돌아온 곳은 현립도서관 관외봉사과였다. 시·정립도서관의 육성과 지원이 업무의 중심인 과이다. 협력차 등의 소관사무도 있기 때문에 직접 우라야스와 관계되는 일도 많을 것이다. 그 일이 어느 정도는 헤어진 직원들에 대한 보답같이 느껴졌다.

나로서는 시립도서관 관장과 현립도서관 과장 어느 쪽의 직책이 더 중요한지는 잘 모르겠다. 과거에 파견업무 나갔던 사람들이 되돌아오는 것처럼 나도 돌아왔을 뿐이다. 단지 개인적으로 기관의 장이라는 책임에서 해방된 기쁨이, 우라야스의 직원들에게는 미안하지만 매우 컸다.

스스로 희망해서 맡은 직책이었고 생각한 것을 90% 이상 실현시켰다. 그것을 허락해준 시장과 교육장이 있었던 것은 나의 행운이었을 것이다. 그럼에도 기관의 책임자보다 한 도서관 직원에 가까운 업무 담당자로 되돌아온 것이 매우 기뻤다. 왜일까? 당연하지만 중앙관이 되고 사람이 많이 증가해서라기보다도 예전 도서관의 2층에서 필사적으로 일했던 7인 시절이 내게는 즐거웠다. 화장실 청소순번에도 끼면서 지낸 그 시절은 관장이면서 동시에 한 명의 직원이었다. 그렇게 하지 않으면 안되었던 시기였다. 즐거웠던 것은 그 때문이었다. 나는 사서라는 직업이 좋다. 교사가 아이들이 있는 현장에서 떨어지기 힘들다고 생각하는 것과 비슷할 것이다.

우라야스에는 대련사(大蓮社)라는 절이 있다. 주지스님은 시의 교육위원을 하고 있는 에구치 사다노부 씨이다. 이 절의 종은 정오를 알리기 위해 매일 11시가 되면 울리기 시작한다. 정오가 1시간 일찍 알려지는 것이다. 그 이유를 나는 도서관협의회 의원인 우치다 씨에게 들었다. 어부들의 아침은 일치감치 시작된다. 어두울 때 집에서 나와 배를 저어 고기잡이 하러 나가기 때문에 아침밥은 매우 이르게 먹는다. 그 때문에 낮 12시에는 배가 고파서 안되는 것이다. 언제부터인가 대련사에서는 1시간 빨리 정오의 종을 치게 되었다. 사람들은 그 종소리를 바다에서 듣고 점심을 먹기 위해 쉬거나 강에서 뭍으로 올라오거나 한다. 그 종이 어부가 없어진 도시에 지금도 울려퍼지고 있다. 마음을 푸근하게 하는 이야기였다.

그것은 확실히 지금의 우라야스를 상징하는 이야기였다. 거리나 집들의 모습이 아무리 격심하게 변화했어도 또 생활 전체가 풍족하고 편리하게 변화했어도 보이지 않는 곳에 '우라야스 시'는 아직 살아 있는 것이다. 잘 보이지 않는 곳에 우라야스는 계속 살아 있다. 대련사의 종도 그중 하나이다. 그 종소리에 조금만 주의를 기울이면, 예전 사람들의 생활이 기쁨과 슬픔을 담고 있는 인간의 지혜라는 것이 나타난다. 그것은 마음에 쌓인 하나의 '전설'로 불러도 좋을 것이다. 그것이 우라야스 사람에게만 소중한 것은 아니다. 과거를, 오래된 행복한 기억의 장소를 조금씩 알게 된 우리들 모두에게 그것은 매우 소중한 것이다.

우라야스뿐 아니라 계속 생겨나는 신흥도시에서 우리들이 잃은 것을 대신할 만한 것을 만들어가는 것이 가능할까? 가능하다면 그것은 어떤 모습일까?

일요일, 갑자기 생각이 나 도서관에 왔다는 시민 입장에서 그런 존재로 도서관이 익숙해진다면 그때야말로 대련사의 종과 같은 것을 새롭게 우리들의 손으로 만들어냈다고 할 수 있지 않을까 생각한다.

뒤뜰의 벚나무는 1년을 지나 줄기도 조금 굵어지고 키도 조금 컸다. 매일 드나들면서 벚나무를 그렇게 바라본 것은 요즈음부터였다. 바라보면서 개관한 해에 심은 나무가 도서관과 함께 10년, 20년 나이를 먹어가게 될 것임을 깨달았다. 내가 없어도 그리고 얼마 안 있어 지금 있는 직원이 모두 떠난 후에도 도서관이 이곳에 계속 있는 한 벚나무는 굵게 자라 도서관과 함께 역사를 계속 새길 것이다. 노목이 된 벚나무가 피운 꽃을 쳐다보면서 미래 사람들의 모습마저 보이는 것 같은 기분이 들었다.

스즈키 씨에게 부탁해서 묘목을 심길 잘했다고 생각했다. 나는 묘목을 차 트렁크에 넣었다가 크게 자랐을 때를 생각하니, 좁은 정원에 심을 장소가 없어 되돌아왔던 일을 생각했다. 결과적으로 그것이 개관기념식수가 되었다. 우라야스 도서관에서 내가 떠나도 도서관 뒤뜰에는 매년 하얗게 꽃을 피울 벚나무가 우라야스에 계속 있을 것이라고 생각하니, 나의 마음은 행복함에 젖어 들었다.

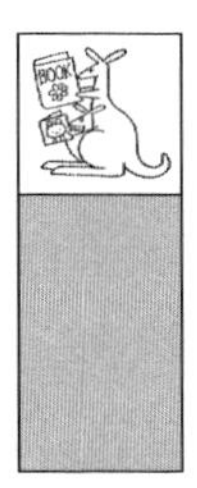

후기

이 책이 도서관에 근무하는 사람들보다 일반사람들에게 특히 도서관 만들기 운동, 문고, 독서회 활동 등을 하고 있는 사람들에게 읽혀지기를 바랍니다. 도서관을 외부에서 기록하거나 전문적인 입장에서 존재방식을 논하고 있는 책은 결코 많지는 않아도 존재합니다. 그 면에서는 많은 분들이 좋은 책을 남겼지만, 현장에서 여러 가지 문제에 기뻐하고 근심하면서 노력하는 사서들의 목소리를 한 책에 모아둔 사례는 없습니다.

이 책은 한 도서관이 어떻게 이루어졌는지를 거기에 관계했던 한 개인의 마음의 역사로서 쓴 것입니다. 숫자나 그래프 등의 자료를 되도록 사용하지 않고, 그러나 사실적인 이야기로 전달하고자 했습니다. 도서관을 가능한 많은 사람에게 알리는 데는 그것이 가장 좋은 방법이라고 생각해서인데 그 의도가 어느 만큼 실현되었는지 자신 없고 부끄러울 뿐입니다.

1984년 7월 말에 미래사(未來社)와 협의했던 12월에 원고를 넘긴다는 약속이 이루어지지 않아 1985년 3월 말까지로 연장했습니다. 기일은 촉박한데 글은 진전이 없어 몇 번인가 기가 꺾였지만, 3월에 들어 거의 먹고 자는 것을 잊고 몰두했습니다. 이제서 그 이유를 생각해보면 우라야스를 떠나는 것이 구체화된 나의 심리상태와 깊이 연관이 있었던 듯합니다. 그리고 교육장 오와 쿠론 씨의 강한 압력도 한몫했다고 생각됩니다.

우라야스를 떠나는 마지막 달에 우라야스에서의 4년간 기록을 끝낼 수 있었던 것을 기쁘게 생각합니다. 사람들이 우라야스 시립도서관에 대해서 내려준 평가를 커다란 꽃다발을 받는 기분으로 들었습니다. 이 책을 쓰면서 임시로 내가 받아둔 꽃다발을 조금씩 그에 걸맞은 분들에게 나누어주는 기분이 드는 것은 어찌할 수 없었습니다. 개인의 이름이 지나치게 나오는 듯한 느낌이 들었을 독자에게는 관용을 바랍니다.

이 책을 쓸 것을 권해주시고 출판사에 추천해주신 시인 다카기 마모루 씨에게 깊이 감사의 마음을 드립니다. 또 우라야스 취임 당시부터 그 일을 책으로 쓰도록 끊임없이 권해주셨던 문학에 있어 나의 스승인 작가 다카다 코지 씨와 쇼지 하지메 씨 두 분, 최초의 독자가 되어주신 미타니 기미 씨에게도 마음으로부터 인사를 드립니다.

거칠게 달려가는 한 마리의 흑마처럼 반짝이며 눈 속에 있네

초고를 다 읽고 난 미타니 씨가 내려주신 글귀입니다.

1985년 3월 21일

다케우치 노리요시

우라야스 도서관 연혁

1980년 8월 6일 (가칭) 우라야스 정 중앙도서관건설위원회 설치.
1981년 4월 초대전임관장 취임.
6월 자치회문고에 대한 배본 개시(시내 8개소, 격월배본).
10월 8일 (가칭)우라야스 시립중앙도서관 기공식.
1982년 4월 1일 운영규칙 개정으로 대출건수변경(종래 1인 1책 1주간, 신규 1인 5책 2주간).
4월 6일 이동도서관 '와카쿠사 호' 신규구입. '와카쿠사 호' 대형화, 컴퓨터 단말기를 탑재하여 순회 개시(적재책수 약3천 권, 정류장 수 16개소).
5월 7일 호리에 공민관도서실이 오피스컴퓨터 본체를 설치하여 개관(이동도서관 정류장 중 호리에 지구 1곳을 폐지)
5월 7일 우라야스 시립도서관 개보수를 위한 휴관(대체조치로서 인접한 중앙공민관에 이동도서관 정류장 임시 설치(8월 15일 폐지).
8월 15일 우라야스 시립 개수 후, 컴퓨터 단말기 설치, 장서18,332책(그중 아동서 5천 권)으로 개시.
10월 23일 우라야스시립도서관설치조례제정(시행 1983년 3월 1일)
11월 24일 (가칭)우라야스시립중앙도서관(신설관)으로 이전.
1983년 1월 19일 우라야스시립도서관관리운영규칙, 협동의회운영규칙제정(시행 1983년 3월 1일).
2월 23일 우라야스시립중앙도서관 준공식.
3월 1일 우라야스시립중앙도서관 개관, 네코자네 분관, 호리에 분관 발족(이동도서관 정류장 중, 히가시노, 네코자네 지구 등 네 곳 폐지). 중앙관과 각 분관, 한자 표시에 의한 전산온라인서비스 개시.
5월 7일 도미오카분관발족(이동도서관 정류장 중, 도미오카, 이마가와, 벤텐 지구 등 5개소 폐지, 새로워진 미하마, 이리후네 지구에 4개소를 설치, 계 9개 정류장).
11월 10일 시민의 요망에 따라, 지구에 이동도서관 정류장 설치(계 10개 정류장).

1984년 3월 31일 일본에서 처음으로, 연간 시민 1인당 대출권수(10.8권)을 달성.

1984년 11월 1일 지바현 교육공로상 사회교육단체부문에서 우라야스시립도서관이 수상.

1985년 3월 31일 84년도 연간 대출인구 1인당 2자릿수를 기록(10.02권). 등록률 51.3%(누적).

1985년 4월 1일 사카이 히로아키 관장 취임.

1985년 5월 21일 중국 기계공업과학기술정보연구경학 조사단 내관.

1985년 7월 1일 제1회 일본도서관협회 우수도서관건축상 수상.

■ 지은이

다케우치 노리요시(竹內紀吉)

1940년 도쿄 출생. 지바 현립중앙도서관을 거쳐 우라야스 시립도서관장을 역임. 사회교육분과심의회 시설부회 도서관전문위원, 지바현공공도서관협회장. 지바 경제단기대학부 교수.
저서 『우라야스 도서관(図書館の街 浦安)』 『우라야스 도서관과 함께(浦安の図書館と共に)』 『도서관이 있는 생활(図書館のある暮らす)』(모두 미래사 간) 기타 논문 다수.

■ 옮긴이

도서관운동연구회

공적 기구인 도서관이 시민들의 생활에 편리와 도움을 주고, 정보접근권·학습권·문화향유권 등을 신장시키는 사회적 역할을 수행할 수 있도록 비판과 대안을 제시하기 위해 1995년 2월 설립된 단체이다.
가까운 곳에서 유용한 자료에 접근할 수 있고, 사회와 인류의 공동재산인 지식정보에 대한 접근권을 향상시키기 위한 사회기반시설의 확충, 도서관 현장 직원들의 개발과 토론을 통한 대안 마련, 도서관운동의 실천사례 발굴과 이론생산 등의 활동을 하고 있다.

이 번역작업에는 이혜연과 이경미, 이지연이 참여하였다.

이혜연

이화여대 도서관학과 졸업, 이대 문헌정보학과 석사과정 수료.
현 도서관운동연구회 대표.
공저 『공공도서관운영론』(예영)
공역 『장애인 서비스』(시각장애인연합회)
논문 「시민사회 성숙을 위한 도서관의 의제와 실천방법」, ≪시민과 도서관≫ 24호 외 다수.

이경미

이화여대 도서관학과 졸업, 아리스테크놀로지 근무.
도서관운동연구회 실무강좌 팀에서 활동.
공역 『장애인 서비스』(시각장애인연합회)
논문 「도서관운동의 새로운 원리를 찾아서」, ≪시민과 도서관≫ 24호 외 다수.

이지연

이화여대 도서관학과 졸업, 씨네21 근무.
공역 『장애인 서비스』(시각장애인연합회)
논문 「일본의 출판유통에 관한 이야기」, ≪시민과 도서관≫ 21호.

우라야스 도서관 이야기

신임 도서관장의 도서관 만들기 경험담

지은이 | 다케우치 노리요시
옮긴이 | 도서관운동연구회
펴낸이 | 김종수
펴낸곳 | 도서출판 한울

초판 1쇄 발행 | 2002년 8월 20일
초판 7쇄 발행 | 2013년 12월 10일

주소 | 413-756 경기도 파주시 광인사길 153 한울시소빌딩 3층
전화 | 031-955-0655
팩스 | 031-955-0656
홈페이지 | www.hanulbooks.co.kr
등록번호 | 제406-2003-000051호

Printed in Korea.
ISBN 978-89-460-4517-0 03020

* 책값은 겉표지에 표시되어 있습니다.